Beate Döring
Ursula Lassert
Jutta von der Lühe-Tower
Ingrid Steber

Training 100 Diktate

4. Schuljahr

Ernst Klett Verlag
Stuttgart Düsseldorf Leipzig

Liebe Eltern,

mit den vorliegenden 100 Diktaten kann Ihr Kind auf unterhaltsame Weise seine Rechtschreibfertigkeiten überprüfen und trainieren. Die Diktate üben insgesamt alles, was für Schüler im 4. Schuljahr im Bereich Rechtschreibung wichtig ist. Sie sind außerdem zu interessanten Themen abgefasst oder erzählen witzige Geschichten. Denn bei Diktaten ist es wichtig, dass auch der Inhalt Kindern Spaß macht oder für sie Wissenswertes vermittelt.

Aufbau

Alle Texte sind in der neuen Rechtschreibung abgefasst. Jedes Diktat übt eine spezielle Rechtschreibschwierigkeit. Das Inhaltsverzeichnis zeigt Ihnen, welche Lerninhalte in den einzelnen Diktaten „versteckt" sind. So können Sie mit Ihrem Kind gezielt individuelle Rechtschreibschwächen üben. Dabei sollten Sie jedoch auf möglichst viel Abwechslung achten und Diktate, die Wörter mit ähnlichen Lauten oder Lautgruppen (z. B. *äu*, *eu*, *ai*) üben, zeitlich deutlich voneinander trennen.

- Die hauptsächlich zu übenden Wörter sind in den Diktaten jeweils farbig hervorgehoben.
- Kleine Merkkästchen wiederholen kurz das Wichtigste und geben Tipps zur Fehlervermeidung.
- (,) bedeutet, dass dieses Komma gesetzt werden kann, aber nach den neuen Regeln nicht unbedingt gesetzt werden muss.
- Sind nach der neuen Schreibregelung zwei Schreibweisen eines Begriffes erlaubt, steht im Text stets die sogenannte „Hauptvariante".

Umgangsmöglichkeiten mit den Texten

Abgesehen vom üblichen Diktieren des Textes gibt es mehrere Umgangsmöglichkeiten, die gerade auch für schwächere Schüler geeignet sind:

- Abschreiben des Textes;
- es werden nur die farbig hervorgehobenen Begriffe diktiert;
- Sie diktieren nur einzelne Teile des Diktates.

Denken Sie daran, dass häufiges, aber kurzes Üben mehr Erfolg bringt als seltenes, aber langes Üben. Je weniger Fehler Ihr Kind macht, desto größer ist das Erfolgserlebnis.

Diktieren

Lesen Sie den ganzen Text zunächst langsam vor. Danach diktieren Sie jeweils einen ganzen Satz, der dann nochmals abschnittsweise wiederholt wird. Satzzeichen sollten mitdiktiert werden, es sei denn, sie sollen besonders geübt werden. Lesen Sie zum Schluss noch einmal den ganzen Text vor, damit Ihr Kind die Möglichkeit einer abschließenden Kontrolle hat.

Selbstdiktat

Nach dieser Vorgehensweise können Schüler das Diktat auch auf einen Kassettenrekorder aufnehmen und sich den Text selbst diktieren. Dies ist durchaus keine Notlösung: Beim konzentrierten, lauten Lesen und Diktieren prägt sich die richtige Schreibweise bereits ein. Nach dem Schreiben sollte dann gleich kontrolliert werden, ob Fehler gemacht wurden.

1 Die Feuerwehr

Früher bestanden viele Häuser in den Städten aus Holz. Wenn an einer Stelle Feuer ausbrach, war die ganze Stadt in Gefahr. Dann versuchten die Einwohner mit Eimern und anderen Gefäßen so schnell wie möglich Wasser aus den Brunnen, Teichen und Flüssen zu holen. Aber meistens reichte diese Hilfe nicht aus.

Heute hat jede Stadt ihre eigene Feuerwehr, die Tag und Nacht bereitsteht(,) um bei Feueralarm sofort loszufahren. Die Feuerwehrmänner tragen feuerfeste Anzüge und Atemschutzmasken, damit sie nicht an Rauch oder giftigen Gasen ersticken. Immer wieder üben sie, damit jeder von ihnen sofort weiß, was er im Notfall zu tun hat.

(Wörteranzahl: 100)

Grundsätzlich großgeschrieben werden
- Satzanfänge: **Früher** bestanden viele Häuser …
- Namenwörter: Sie bezeichnen Personen (**Feuerwehrmann, Bruder**), Tiere (**Hund**), Pflanzen (**Baum, Rose**), Dinge (**Haus**) und gedachte Dinge (**Hilfe**, **Glück**).
- Eigennamen: **Martin**, **Tante Julia**.

2 Hannas Familie

Wir sind eine große Familie. Da ist zuerst mein Papa. Die anderen Leute nennen ihn Herr Moser, Mama nennt ihn immer Martin oder Schatz. Er ist Bauer. Sein Bruder heißt Florian. Das ist mein Onkel. Er ist der Mann meiner Tante Julia.

Oma Berte und Opa Anton sind die Eltern von Papa. Meine Mama heißt übrigens Anne. Sie ist die liebste Mutter auf der Welt. Wir leben alle auf einem großen, alten Schwarzwaldhof. Dazu gehören auch zehn Kühe, ein Bulle, viele Hühner, ein Hahn, ein Hund und zwei Katzen. Mama sagt immer, dass es ein großes Glück ist, hier wohnen zu dürfen.

Ich glaube, dass das stimmt.

(Wörteranzahl: 107)

3 Woher kommen die Spaghetti?

Spaghetti werden häufig aus Grieß gemacht. Dieser wird aus Weizen gewonnen.

Dem Mischen von Grieß und Wasser in einer Mischmaschine folgt das Pressen durch viele kleine Löcher. So entstehen lange, nasse Teigstreifen, die nach ihrem Trocknen geschnitten und verpackt werden.

Für das Aufheben von Spaghetti eignen sich am besten hohe Gläser, die mit einem Korken verschlossen werden. Spaghetti sind schnell zubereitet. Das Kochen dauert ungefähr acht bis zehn Minuten. Dann sind sie weich, aber noch knackig. Um ihr Aneinanderkleben zu vermeiden(,) schreckt man sie kurz mit kaltem Wasser ab. Wir dürfen das Hinzufügen von heißer Butter und geriebenem Käse nicht vergessen.

Nun werden wir für unser Kochen durch eine leckere Mahlzeit belohnt.

(Wörteranzahl: 112)

Zeitwörter (werden, geben) werden in der Regel kleingeschrieben. Du schreibst sie jedoch groß, wenn
- ein Fürwort davor steht: **ihr Trocknen**, **unser Kochen**;
- ein bestimmter (der, die das) oder unbestimmter Begleiter (ein, eine, ein) davor steht: **das Pressen**, **das Kochen**;
- ein Eigenschaftswort davor gesetzt wird: **lautes Rumpeln**, **schreckliches Poltern**.

4 Lärmprobleme vor 2000 Jahren

Schon vor 2000 Jahren gab es so große Verkehrs- und Lärmprobleme, dass die Leute nachts kaum schlafen konnten. So wurden die Einwohner von Rom nachts durch lautes Rumpeln von Ochsenkarren gestört.

Schreckliches Poltern von schweren Steinen erschreckte sie ebenso wie wütendes Schreien der Ochsentreiber. Warentransporte durften damals nur nachts stattfinden, weil die Gassen am Tag mit Menschen überfüllt waren.

Die Stadt hatte schon damals ungefähr eine Million Einwohner, die zum Teil in vier- bis fünfstöckigen Wohnhäusern lebten. Hier gab es weder Wasserleitungen noch Heizungen. Diese Häuser waren zum Teil so schlecht gebaut, dass häufiges Einstürzen niemanden verwunderte.

(Wörteranzahl: 97)

5 Wer hat den Buchdruck erfunden?

Im Mittelalter waren Bücher sehr kostbar, denn sie konnten nur in jahrelanger mühevoller Arbeit durch Abschreiben vervielfältigt werden. Beim Arbeiten in seiner Werkstatt suchte ein Bürger in Mainz im 15. Jahrhundert nach Möglichkeiten(,) Bücher schneller herzustellen.

Durch Anfertigen von Buchstaben und Zahlen aus Holz, später aus Metall, gelang es ihm schließlich, einzelne Buchseiten zu drucken. Mit dem Umbauen einer Weinpresse zu einer Druckerpresse war ein weiterer großer Schritt getan.

Nun brauchte man nur noch wenige Stunden zum Anfertigen mehrerer Buchseiten. 1448 veröffentlichte er den ersten gedruckten Kalender und 1455 die erste gedruckte Bibel der Welt. Sein Name ist Johann von Gutenberg.

(Wörteranzahl: 101)

Zeitwörter werden großgeschrieben, wenn ein Verhältniswort (zum, beim ...) davor steht: **beim Arbeiten**, **durch Abschreiben**. Durch das Davorsetzen eines Verhältniswortes wird das Zeitwort zum Namenwort.

Eigenschaftswörter (**hübsch**, **fein**, **stärker**) und Zahlwörter (**alle**, **wenige**, **zwei**) werden in der Regel kleingeschrieben.

6 Interessantes über Vögel

Fast alle Vögel können fliegen. Es gibt nur wenige Ausnahmen wie den Strauß und den Pinguin. Das Fliegenkönnen unterscheidet die Vögel von den meisten anderen Tieren. Das oft sehr hübsche Gefieder besteht aus vielen feinen Flaumfedern und stärkeren Deckfedern.

Alle Vögel legen Eier. So verschieden die Vögel sind, so verschieden sind auch ihre Eier. Es gibt kleine und große Eier. Das Ei des winzigen Kolibris wiegt nur einige Gramm, das Ei des Straußes kann bis zu zwei Kilogramm wiegen. Manche Eier sind weiß, andere farbig. Auch die Zahl der gelegten Eier ist bei den einzelnen Vogelarten verschieden.

Die meisten Vögel sind übrigens Nestbauer. Eine Ausnahme ist der Kuckuck. Er legt seine Eier in fremde Nester.

(Wörteranzahl: 115)

7 Auf dem Markt

Alle Städte, ob englische, französische, italienische oder andere, haben mindestens einmal in der Woche einen Markt. Dort kann man viele praktische und hübsche Dinge kaufen. Am wichtigsten aber sind die Nahrungsmittel wie frisches Obst und Gemüse.

Wenn es bei uns auch nicht so bunt aussieht und so gut duftet wie auf den orientalischen Märkten, so haben wir doch ein großes Angebot aus den verschiedensten Ländern: spanische Tomaten, griechische Trauben, holländischen Käse, französische Weine, italienische Öle, türkischen Honig, belgische Pralinen und vieles andere mehr.

(Wörteranzahl: 83)

Die von Eigennamen abgeleiteten Eigenschaftswörter auf *-isch* werden kleingeschrieben: **die spanische Tomate**.

Ableitungen von geographischen Eigennamen auf *-er* schreibt man groß: **die Frankfurter Buchmesse**, **der Tiroler Speck**.

8 Treffpunkte für Händler und Kunden

Schon seit vielen Jahrhunderten gibt es immer wieder große Ausstellungen, auf denen Händler ihre Waren bekannt machen und etwas anpreisen.

So kann man jede Menge Bücher auf der Frankfurter und Leipziger Buchmesse sehen und die modernste Kleidung auf der Düsseldorfer oder Leipziger Modemesse. Schwere Maschinen für Fabriken gibt es auf der Messe in Hannover zu sehen(,) und Boote in allen Größen findest du auf der Düsseldorfer Bootsausstellung.

Alle möglichen Arten von Lebensmitteln wie Schweizer Käse, Kieler Sprotten, Wiener Schnitzel, Tiroler Speck, Schwarzwälder Rauchschinken und vieles andere kannst du auf einer Lebensmittelmesse in Berlin sehen.

(Wörteranzahl: 93)

9 Mütter am Telefon

C: Hallo, Britta!
Wie geht es euren Kleinen?
B: Hallo, Caroline!
Meinst du Jens und Peter oder unsere Kleinsten?
C: Eure Kleinsten natürlich. Gehen sie schon in den Kindergarten?
B: Ja, seit vorgestern. Und unsere Älteste kommt morgen in die Realschule.
Das wird sicher aufregend werden.
C: Nein, wie die Zeit vergeht. Sag mal, wie geht es deiner Nachbarin?
B: Prima, ihre Älteste feiert gerade ihren zehnten Geburtstag. Mein Bruder ist gerade bei mir, weil seine Große dort auch eingeladen ist.
So können wir uns unterhalten(,) und er kann sie heute Abend gleich mit nach Hause nehmen.
C: Dann will ich euch nicht länger stören. Ade, bis bald.

(Wörteranzahl: 101)

Eigenschaftswörter (klein, hell) werden in der Regel kleingeschrieben. Du schreibst sie jedoch groß, wenn
- ein Fürwort davor steht: **eure Kleinen**, **seine Große**;
- ein Verhältniswort davor gesetzt ist: **ins Blaue**, **aus dem Dunkeln**.

Diese Wörter machen das Eigenschaftswort zu einem Namenwort.

10 So ein Schreck!

Obwohl es gestern sehr kalt war, machten wir eine Autofahrt. Wir fuhren einfach ins Blaue. Es war herrlich. Wir kamen an Feldern und Wäldern vorbei. Während wir gemütlich im Warmen saßen, hatten die Leute draußen Mützen und dicke Jacken an. Besonders kalt war es den armen Fahrradfahrern, denn der Wind war sehr eisig.

In einer alten finsteren Gaststätte aßen wir unser Mittagessen. Da hörte ich aus dem Dunkeln ein Geräusch, aber leider konnte ich nichts erkennen. Doch plötzlich sprang eine große schwarze Katze an mir vorbei ins Helle. Du glaubst nicht, wie ich mich erschreckt habe.

(Wörteranzahl: 96)

11 Lea Sonnenschein

Wenn Lea Sonnenschein morgens aufsteht, freut sie sich auf das Beste des Tages, auf das Frühstück. Wenn sie aus dem Fenster schaut, erfreut das Blau des Himmels und das Leuchten der Sonne sie ebenso wie das Dunkle und Unheimliche von schweren Regen- und schwarzen Gewitterwolken. In der Zeitung liest sie das Neueste aus aller Welt. Dann beginnt sie mit der Arbeit.

Sie überlegt sich, was das Nächste ist, das getan werden muss.

Den ganzen Tag über achtet sie auf das Schöne und Lustige, das er ihr bietet. Böses und Trauriges versucht sie zu vermeiden. Das Letzte, was sie am Tag genießt, ist ein schöner Film oder ein spannendes Buch. Lea Sonnenschein ist ein fröhliches Mädchen.

(Wörteranzahl: 115)

- Eigenschaftswörter werden großgeschrieben, wenn man einen bestimmten (der, die, das) oder unbestimmten (ein, eine, ein) Begleiter davor setzt: **das Beste**, **das Blau**. Dies macht sie zu Namenwörtern.
- Sie werden auch großgeschrieben, wenn das dazugehörige Namenwort im Satz fehlt: **Böses**, **Trauriges**.

12 Verlockendes Großstadtleben?

Schon vor 2000 Jahren war das Leben in Großstädten wie Rom verlockend, aber gefährlich.

Allerlei Trauriges ereignete sich jeden Tag. Häuser stürzten ein, weil sie schlecht gebaut waren. Menschen kamen bei Unfällen ums Leben. Viel Schlimmes passierte den Sklaven. Sie wurden gequält, verkauft, geprügelt und ausgenutzt. Auch den armen Leuten tat kaum jemand etwas Gutes. Hin und wieder bekamen sie ein Geldstück oder ein wenig Brot. Sonst erlebten sie nichts Erfreuliches.

Ihr Leben war eine einzige Qual, in dem nichts Schönes, wohl aber viel Schreckliches geschah.

(Wörteranzahl: 86)

Eigenschaftswörter werden in Verbindung mit unbestimmten Zahlwörtern wie *allerlei*, *alles*, *etwas*, *genug*, *nichts*, *viel*, *wenig* großgeschrieben. Das Davorstellen dieser Wörter macht die Eigenschaftswörter zu Namenwörtern: **allerlei Trauriges**, **viel Schlimmes**.

13 Woher kommen die Jeans?

1848 wurde auch der Deutsche Levi Strauß vom Goldrausch nach Amerika gelockt.

Er nahm mehrere Ballen von kräftigem blauem Segeltuch mit und hoffte(,) es dort für Zelte oder Wagenplanen verkaufen zu können. Aber im Großen und Ganzen bestand kein Bedarf dafür. Denn was hier gebraucht wurde, waren im Wesentlichen derbe Hosen.

Levi Strauß überlegte nicht lange. Er tat das einzig Richtige und nähte Hosen aus diesem festen Stoff. Diese Hosen wurden ein Welterfolg. Heute werden jedes Jahr mehr als 500 Millionen Jeans verkauft.

Sie werden von Alt und Jung, Arm und Reich, Groß und Klein begeistert getragen – sowohl beim Arbeiten als auch bei feierlichen Anlässen.

(Wörteranzahl: 105)

Eigenschaftswörter werden großgeschrieben
- in festen Wortgruppen: **im Großen und Ganzen**, **das einzig Richtige**
- und in Paarformeln, wenn sich diese auf Personen beziehen: **Alt und Jung**, **Arm und Reich**.

14 Unsere Haustiere

In Laufe von Jahrtausenden hat der Mensch viele Tiere gezähmt. Das erste Tier war der Hund. Er stammt vom Wolf ab. Der Wolf selbst ist bis heute ein wildes Tier geblieben, vor welchem dem Menschen bange ist.

Ebenso treue Gefährten wie der Hund sind das Pferd und die Katze. Die Katze ist besonders beliebt als Wohngefährte, obwohl sie ein kleines Raubtier geblieben ist, das seine Freiheit liebt.

Haustiere wie Rind, Schwein und Huhn versorgen uns mit Nahrungsmitteln. Leider sind wir Menschen schuld daran, dass viele dieser Tiere unseretwegen leiden. Mir wird angst und bange, wenn ich mir vorstelle, in welch engen Käfigen und Ställen sich viele dieser Tiere quälen müssen.

(Wörteranzahl: 110)

Folgende Wörter werden in Verbindung mit *sein*, *bleiben*, *werden* als Eigenschaftswörter gebraucht: *angst*, *bange*, *gram*, *leid*, *pleite*, *schuld*. Man schreibt sie deshalb klein: dem Menschen **ist bange**, wir **sind schuld**, ich **bin** es **leid**.

15 Liebe Ria!

Nun bin ich schon seit einer Woche wieder zu Hause.

Es war sehr schön bei euch. Ich danke dir, dass du dir so viel Zeit für mich genommen hast. Jetzt kenne ich alle deine Freunde und Freundinnen.

Vielleicht spielt ihr gerade wieder zusammen. Eure Stadt gefällt mir sehr. Ich würde nächstes Jahr gerne wieder euer Gast sein. Aber vorher musst du uns besuchen, denn bei uns ist es auch schön. Es wird dir hier bestimmt gefallen. Hast du schon deine Eltern gefragt, wann du kommen darfst? Vielleicht darfst du sogar deinen Hamster mitbringen. Das wäre toll.

Ich freue mich auf deinen Brief.

Viele liebe Grüße

deine Sara

(Wörteranzahl: 107)

- Die Fürwörter *du*, *ihr*, *dein*, *euer* und die verschiedenen Formen wie *deine*, *eure* ... werden in Briefen an vertraute Personen kleingeschrieben: Es war schön bei **euch**. Ich danke **dir**.
- Die höfliche Anrede *Sie* und die entsprechenden Fürwörter *Ihr*, *Ihre* ... werden in Briefen immer großgeschrieben: Wie geht es **Ihnen**? Wir grüßen **Sie** herzlich.

16 Lieber Herr Schäfer!

Schade, dass Sie nicht mehr unser Klassenlehrer sind. Aber Frau Fliedner ist auch sehr nett. Ihre Schwester unterrichtet an Ihrer Schule. Ist das nicht lustig?

Wie geht es Ihnen als Rektor? Sie sind bestimmt traurig, dass wir nicht mehr Ihre Klasse sind, nicht wahr? Wir würden uns riesig freuen, wenn Sie uns einmal schreiben würden. In unserer Klasse hängt ein Foto von Ihnen. Wir haben es auf dem letzten Ausflug im Zoo gemacht. Peter wird Ihnen nächste Woche die Fotos schicken.

Wir wünschen Ihnen alles Gute und grüßen Sie herzlich.

Ihre ehemalige 4a

(Wörteranzahl: 93)

17 Betrieb in einer Großstadt

Eine Großstadt erwacht morgens recht früh.

Schon ab fünf Uhr fahren die ersten Bahnen(,) um die Leute zur Arbeit zu bringen. Zeitungsboten verteilen die Zeitungen. Um sieben Uhr sind die Straßen voll mit Autos und die Bahnen gefüllt mit Menschen. Man hört Hupen, Knattern, Lachen und Schimpfen.

Viele Leute benutzen mittags ihre Pause für einen kurzen Spaziergang oder Einkauf. Die Bahnen und Busse sind voll mit Schülern, die nach Hause fahren. In den Parks und Kaufhäusern, auf Einkaufsstraßen und Spielplätzen herrscht nachmittags Hochbetrieb.

Erst abends wird es wieder stiller, bis es schließlich nachts für wenige Stunden fast ganz still ist.

(Wörteranzahl: 100)

Umstandswörter auf *-s* werden immer kleingeschrieben: **morgens**, **nachts**, **sonntags**.

Tageszeiten, die nach *gestern*, *vorgestern*, *heute*, *morgen* und *übermorgen* stehen, werden großgeschrieben: **gestern Morgen**, **heute Nachmittag**.

18 So macht es Klaus

Zuerst lernte er gestern Morgen in der Schule. Das macht ihm großen Spaß. Später will er Pilot werden. Da muss er allerlei wissen. Aber gestern Nachmittag spielte er mit seinen Freunden und Freundinnen draußen. Er kletterte auf Bäume und versteckte sich in Büschen.

Heute Nachmittag geht er zur Musikschule. Dort wird für eine Aufführung geprobt, die morgen Abend stattfindet. Dazu sind Eltern, Freunde und Bekannte eingeladen worden. Klaus freut sich darauf. Übermorgen Abend darf er mit seinem Freund einen spannenden Film im Fernsehen ansehen. Darauf freut er sich schon seit heute Morgen. Aber jeden Tag will er nicht fernsehen, denn es gibt so viel Schönes zu unternehmen.

(Wörteranzahl: 107)

1 Was Kai und Nina gerne tun

Kaum ist die Schule vorbei, sind Kai und Nina schon wieder unterwegs. Sie gehen mit anderen Kindern Rollschuh laufen. Das macht ihnen viel Spaß. Wenn im Winter der große Teich im Park zugefroren ist, sieht man sie alle Eis laufen. Sie bleiben dort, bis es dunkel wird.

Jeden Morgen sieht man Kai außerdem zehn Minuten Kopf stehen. Das wäre sehr gesund, meint er. Er muss es wissen, denn er will Sportler werden. In den Osterferien gehen die beiden immer mit ihren Eltern in die Schweiz Ski laufen. Darauf freuen sie sich das ganze Jahr. Aber sie finden es nicht schön, dass sie an den Liften so oft Schlange stehen müssen.

(Wörteranzahl: 110)

- Enge Verbindungen von Namenwörtern und Zeitwörtern werden getrennt geschrieben: **Rollschuh laufen**, **Kopf stehen**.
- Wenn aber ein Begleiter davor steht, werden sie groß- und zusammengeschrieben, denn der Begleiter macht sie zu einem Namenwort: **das Rollschuhlaufen**, **das Schlangestehen**.

2 Mark und Max

Mark und Max sind Zwillinge. Die Kinder aus ihrer Klasse finden, dass sich die beiden gar nicht ähnlich sehen. Sie haben auch ganz verschiedene Hobbys.

Mark liebt das Bücherlesen und das Briefmarkensammeln. Max hat dafür keine Geduld. Er zieht das Radfahren und das Rollschuhlaufen vor. Das kann ihm alles gar nicht schnell genug gehen. Er klettert, läuft und springt am liebsten. Deshalb hasst Max auch das Schlangestehen im Supermarkt, während Mark es genießt und sich dabei alles ansieht oder einen Comic liest. Das Autofahren kann Max gar nicht leiden, denn dabei wird er immer seekrank.

Mark kann das nicht verstehen. Ihm wird nie schlecht.

(Wörteranzahl: 104)

3 Vorbereitungen für ein Schulfest

Morgen wird endlich das Schulfest der Grundschule „Sonnenschein“ stattfinden. Natürlich werden alle Klassen daran teilnehmen. Einige hatten sich schon vorher viel Mühe gemacht und sehr viel Freizeit für die Vorbereitungen geopfert.

Die anderen Klassen wollen das wieder wettmachen, indem sie morgen nach dem Fest alles aufräumen und sauber machen. Zwei Klassen haben etwas Geheimnisvolles vorbereitet. Bisher hat keines der Kinder das Geheimnis preisgegeben.

Wenn die Schüler und Schülerinnen heute heimgehen, werden sie noch Einladungen in die Briefkästen der Nachbarn stecken. Das wird bestimmt ein schönes Fest.

(Wörteranzahl: 86)

Verbindungen von Zeitwörtern mit *heim-*, *preis-*, *statt-*, *teil-*, *wett-* werden in der Grundform (**teilnehmen**, **preisgeben**) und als Mittelwort (**teilgenommen**, **preisgegeben**) zusammengeschrieben.

Zeitwörter werden immer getrennt von Wörtern mit *-einander* geschrieben: **durcheinander bringen**, **auseinander gehen**, **miteinander spielen**.

4 Aufräumen in der 4c

Die Klasse 4c räumt ihren Klassenraum auf. Felix und Lena dürfen nebeneinander sitzen und die Schilder für die Regale schreiben. Dort sollen alle kleineren Sachen untergebracht werden, damit immer alles schnell gefunden werden kann.

Sven und Bodo müssen die Bücher aufeinander stapeln. Bisher lagen sie immer in den Ecken herum. Lia und Rosa hätten beinahe die Rechen- und Schreibhefte durcheinander gebracht, als sie diese in das Regal legen wollten. Kai und Toni wollten lieber miteinander spielen, als den anderen helfen. Nun müssen sie beieinander sitzen und die kleinen Schachteln für die Stifte beschriften. In einer Stunde wird alles fertig sein.

Dann werden die Kinder wieder in alle Richtungen auseinander gehen.

(Wörteranzahl: 110)

5 Die langweilige Paula

Wenn Paula nicht endlich schreiben lernt, wird sie sitzen bleiben. Das weiß Paula genau. Aber sie will nicht schreiben lernen. Sie will auch nicht lesen lernen. Ja, sie will noch nicht einmal neue Spiele kennen lernen. Sie will immer nur auf dem Sofa liegen und fernsehen. Sie mag auch nicht schwimmen gehen. Das ist ihr zu lästig.

Sie ist schon ganz dick, weil sie sich kaum bewegt. Aber das ist ihr egal. Der Arzt sagt, sie soll turnen oder wenigstens oft spazieren gehen. Aber Paula sieht nur fern. Es ist klar, dass die anderen Kinder in der Schule Paula einfach stehen lassen. Was soll man mit so einem langweiligen Mädchen schon anfangen?

(Wörteranzahl: 112)

- Auch Zeitwörter, die vom Sinn her eng zusammengehören, werden getrennt geschrieben: **sitzen bleiben**, **schreiben lernen**.
- Werden sie jedoch als Namenwort gebraucht, werden sie zusammen- und großgeschrieben: **das Schreibenlernen**, **beim Schwimmengehen**.

6 Verschiedene Hobbys

Das Spazierengehen ist gesund, heißt es. Aber manche Kinder finden es manchmal ein bisschen langweilig. Sie meinen, dass es beim Schwimmengehen mehr zu lachen und zu erleben gibt. Da das sehr gesund ist, sollte man ruhig öfters schwimmen gehen.

Susis Hobby ist das Schreibenlernen von verschiedenen Schriften. Sie kann jetzt sogar so schreiben, wie die Leute vor 800 Jahren geschrieben haben. Das ist gar nicht so leicht. Ihr Bruder bevorzugt das Lesenlernen römischer Zahlen. Er kann sie schon ganz schnell entziffern und freut sich immer, wenn er irgendwo eine lange römische Zahl entdeckt.

Weißt du auch, was die Zahl MCMXCVIII bedeutet?

(Wörteranzahl: 101)

7 Fips, der kleine Affe

Plötzlich sah Clown Rico seinen Affen Fips davonlaufen. „Halt, bleib hier!“, rief er. Aber Fips war schon zu den Artisten hinausgesprungen. Die Zuschauer freuten sich, als sie Fips in der Manege hin- und herspringen sahen. Rico musste entsetzt die Hände zusammenschlagen, als er sah, wie Fips dem Artisten die Keule fortnahm, schnell die Stange hochkletterte und von dort oben ganz frech herunterspuckte.

Man hörte die Zuschauer laut loslachen und klatschen, denn sie hielten das für einen Teil der Nummer. „Am besten ist es, wenn ich ihn von dort weghole“, dachte Rico. Doch als er die Stange hinaufkletterte, sprang Fips hinunter.

Schwupp, landete er in den Armen eines Artisten.

(Wörteranzahl: 108)

- Trennbare Zusammensetzungen von Zeitwörtern werden in der Grundform (**davonlaufen**), als Mittelwort (**davongelaufen**) und am Ende eines Nebensatzes zusammengeschrieben (Ich sehe, dass er **davonläuft**.).
- Ansonsten werden sie getrennt geschrieben. Beispiele: **Wann läufst du davon? Anna läuft erst später davon.**

8 Woher kommen die Cornflakes?

Cornflakes sind Getreideflocken, die aus Hafer, Weizen oder Mais hergestellt werden. Zur Erntezeit wird das Getreide von großen Mähdreschern pünktlich geerntet. Schon während der Ernte werden die Körner herausgelöst. Bis zur weiteren Verarbeitung werden sie in großen Silos sorgfältig aufbewahrt.

Vorsichtig lösen später Maschinen das Innere der Körner heraus und vermischen es mit Malz, Zucker und Salz. Die Keime werden in große Dampfkessel gefüllt. Wenn sie gründlich getrocknet und mehrmals geprüft worden sind, werden sie flach gewalzt und in Öfen geröstet.

Eilig packen Maschinen die fertigen Cornflakes in luftdichte Tüten, damit sie schön knackig bleiben. Die Tüten werden in Schachteln verpackt, die sich in den Regalen der Geschäfte gut stapeln lassen.

(Wörteranzahl: 111)

- Eigenschaftswörter, die sich steigern oder erweitern lassen, werden immer vom Zeitwort getrennt geschrieben: **gut stapeln** – besser stapeln, **flach walzen** – sehr flach walzen.
- Auch die Eigenschaftswörter auf *-ig*, *-lich*, *-isch* werden immer vom Zeitwort getrennt geschrieben: **gründlich trocknen**, **eilig packen**.

9 Die neue Rechtschreibung

Als man festgestellt hatte, dass unsere Rechtschreibung sehr schwierig ist, wurde sie neu überdacht.

Mehr als zehn Jahre lang überlegten einige Männer und Frauen, was einfacher gemacht werden könnte. Viele neue Regelungen wurden dabei festgelegt und 1996 als Rechtschreibreform verkündet.

Ob diese Reform wirklich ein Erfolg ist oder ob sie fehlschlagen wird, wird die Zukunft zeigen. Manche Änderungen sind nur schwer verständlich, andere sind ein echter Fortschritt.

Manche Wörter werden jetzt großgeschrieben, die vorher kleingeschrieben wurden. Das sind zum Beispiel: „heute Morgen“ oder „Jung und Alt“. Solche Dinge musst du dir merken.

(Wörteranzahl: 92)

Eigenschafts- und Zeitwort werden zusammengeschrieben, wenn das Eigenschaftswort in dieser Verbindung nicht erweiterbar oder steigerbar ist: **feststellen**, **fehlschlagen**, **großschreiben** (aber: groß schreiben = insgesamt in größerer Schrift schreiben).

so, *wie*, *zu* und das Wörtchen *viel* werden in Verbindungen getrennt geschrieben: **so viel** / **so viele**, **wie viel** / **wie viele**, **zu viel** / **zu viele**.

10 Der moderne Fischfang

Große Fischerboote fahren täglich auf die See hinaus und fangen die Fische mit großen Schleppnetzen. Japanische Fischer benutzen sogar Netze, die kilometerlang sind. Man kann sich nicht vorstellen, wie viele Fische dort hineinpassen. Wie viel Tiere mögen dabei sinnlos sterben, da sie gar nicht als Nahrung verwendet werden können.

Weil ständig Schiffe unterwegs sind und große Mengen Fisch gefangen werden, werden zu viele Fische gefangen. Manche Fischarten sind deshalb inzwischen fast ganz ausgestorben, andere Arten sind nur noch ganz selten. Ob es wirklich nötig ist, dass täglich so viele Fische gefangen werden?

(Wörteranzahl: 92)

11 Bergsteiger in Gefahr

Gestern sind irgendwelche Bergsteiger auf den Mont Blanc gestiegen. Seitdem hat man sie nicht mehr gesehen.

Niemand weiß, woher sie kommen. Ob irgendjemand ihre Namen weiß? Irgendwer muss sie doch vor ihrem Aufbruch gesehen und mit ihnen gesprochen haben. Vielleicht kennt irgendeiner ihren genauen Plan.

Warum sollte man sich Sorgen machen, irgendwann und irgendwo würden sie schon wieder auftauchen, meint ein Urlauber. Ein alter Bergführer schimpft über die Unwissenheit der Urlauber und meint, dass es genug Gründe für Sorgen gebe. Schließlich schneie es seit fünf Stunden und man müsse überlegen, ob man die Bergsteiger irgendwie retten könne. Sie seien in großer Lebensgefahr.

(Wörteranzahl: 102)

> Alle Zusammensetzungen mit *irgend-* werden zusammengeschrieben: **irgendwelche**, **irgendjemand**, **irgendwo**.

12 Tierhaltung in Wohnungen

Immer wieder wird die Tierhaltung in kleinen Etagenwohnungen infrage gestellt / in Frage gestellt. Wie mag einem Schäferhund zumute sein / zu Mute sein, der in einer kleinen Zweizimmerwohnung leben muss? Ein Wellensittich oder eine Zwergmaus wären hier aufgrund / auf Grund der Enge dieser Wohnung besser untergebracht. Welche Gedanken und Wünsche sollten beim Kauf eines Haustieres zugrunde liegen / zu Grunde liegen?

Auf keinen Fall dürfen es nur persönliche Wünsche sein. Es muss überlegt werden, ob dem Tier durch seine neue Umgebung etwas zuleide getan / zu Leide getan wird oder ob es dort ein artgerechtes Leben führen kann, das ihm Freude bereitet.

Der oberste Grundsatz sollte sein, dass auch die Lebensfreude des Tieres in der neuen Umgebung gefördert wird.

(Wörteranzahl: 102)

> Bei manchen Begriffen kann der Schreiber oder die Schreiberin selbst entscheiden, ob getrennt oder zusammengeschrieben wird: **infrage stellen / in Frage stellen**, **aufgrund / auf Grund**.

1 Der Zimmermann des Waldes

Die Klasse machte auf ihrer Wanderung im März am Waldrand eine Pause.

Die Kinder setzten sich auf die gefällten Baumstämme und holten ihre Brote und Äpfel aus den Rucksäcken. Es wurde ganz still.

Plötzlich horchten sie auf. Wer klopfte denn dort? Paulina zeigte nach oben. Die Kinder reckten ihre Hälse. Da entdeckten sie an einer Lärche einen bunten Vogel, der mit seinem kräftigen Schnabel gegen den Stamm hämmerte. „Das ist ein Buntspecht“, erklärte die Lehrerin. „Er baut seine Nisthöhle.“ Alle Kinder blieben still sitzen und schauten dem Zimmermann bei seiner Arbeit zu. Nur Tim wurde es zu langweilig. Er klatschte in die Hände.

Da wurde es dem Specht zu gefährlich(,) und er flog weg.

(Wörteranzahl: 115)

- Wörter mit *Ä*, *ä* haben meistens verwandte Wörter mit *A*, *a*: **Hälse** – **Hals**, **erklärte** – **klar**. Es gibt nur wenige Ausnahmen wie **März** und **Lärche**.
- Wörter mit *äu* haben verwandte Wörter mit *au*: **Bäume** – **Baum**, **Käuzchen** – **Kauz**, **läuft** – **laufen**.

2 Die Nachtwanderung

Punkt 23 Uhr! In allen Räumen des Schullandheimes wird es lebendig. Die Kinder versammeln sich mit ihren Taschenlampen vor dem Gebäude zu einer Nachtwanderung.

„Nun darf kein Geräusch mehr zu hören sein“, ermahnt Frau Riedel. Bald haben sie die Häuser hinter sich gelassen. Wie die Mäuschen huschen sie leise in den Wald. Ein Käuzchen ruft. Die Bäume und Sträucher nehmen unheimliche Formen an, wenn eine Taschenlampe aufleuchtet. Es geht immer weiter. „Und nun die Mutprobe! Wer traut sich?“, fragt die Lehrerin. Alle Kinder melden sich. Immer zu zweit gehen sie einen finsteren Waldweg entlang. Nur Lukas läuft ganz schnell. Hat er doch Angst?

In der Nacht träumen die Kinder von Gespenstern und Waldgeistern.

(Wörteranzahl: 112)

3 Es brennt!

Heute Morgen stand schon wieder ein Bericht über einen Feuerteufel in der Zeitung.

Wer zündet nur nachts immer wieder Strohballen oder Scheunen an? Die Feuerwehr fährt mit Blaulicht und heulenden Sirenen durch die Stadt, rast über Kreuzungen und weckt Menschen aus dem Schlaf. Noch bevor die Feuerwehrleute mit ihren Fahrzeugen an der Brandstelle eintreffen, sehen sie schon von weitem die Rauchwolken und die meterhohen Flammen.

Viele Leute würden sich sehr freuen, wenn die Polizei den üblen Brandstifter bald finden würde.

(Wörteranzahl: 80)

- Wenn es keine Grundform mit *au* gibt, schreibt man *eu*: **heute**, **teuer**.
- Weitere Wörter mit *eu* sind: **bedeuten**, **Beule**, **Beute**, **Eule**, **Euter**, **Freude**, **meutern**, **neu**, **schleudern**, **seufzen**, **treu**.

4 Reime

Maiglöckchen blühen im Mai. Eine Hafenmauer heißt Kai.
Ein Kind, das elternlos ist, ist eine Waise. Eine kluge Frau ist weise.
Die Amerikaner essen gern Mais, die Japaner lieber Reis.
Eine Geige hat vier Saiten. Ein dickes Buch hat viele Seiten.
Ein mächtiger Herrscher ist ein Kaiser. Wer ständig schreit, wird heiser.
Ein ganzes Brot ist ein Laib. Früher sagte man nicht Frau, sondern Weib.
Wer kein Experte ist, ist ein Laie. Als gefährliche Fische gelten die Haie.
Froscheier heißen Laich, Frösche quaken laut im Teich.
Ein Wirbelsturm ist ein Taifun, jetzt lass deinen Bleistift ruhen!

(Wörteranzahl: 96)

Wörter mit *ei* und *ai* klingen gleich, deshalb musst du dir die wenigen Wörter mit *ai* einprägen: z. B. **Mai**, **Kaiser**, **Laib**.

5 Echte Freundschaft

Lea und Ina sind die besten Sportlerinnen des dritten Schuljahres.

Sie trainieren schon seit ein paar Wochen für das Sportfest. „Lea läuft schneller als Ina", prophezeien ein paar Jungen. Endlich ist der große Tag da. Lea hat von ihren Eltern sogar ein Paar neue Turnschuhe bekommen. Das dritte Schuljahr wartet gespannt auf den 50-m-Lauf. Die Kinder stellen sich zu Paaren auf. Lea und Ina stehen am Start. „Auf die Plätze! Fertig! Los!" Lea übernimmt die Führung. Ihre Freundinnen jubeln. Doch plötzlich stolpert Lea und fällt hin. Was macht Ina? Sie bremst ihren Lauf ab, kommt ein paar Meter zurück und hilft ihrer Freundin. Gemeinsam laufen sie über die Ziellinie.

(Wörteranzahl: 109)

Wenn man *paar* durch *einige* ersetzen kann, schreibt man es klein. Es ist dann ein unbestimmtes Zahlwort: **ein paar Jungen** = (einige Jungen), **ein paar Wochen** (= einige Wochen).

6 Die Empfehlung

Immer wenn die Pflaumen reif sind, hat die Religionslehrerin Ina Betbach oft Besucher in ihrem Garten, die sie gar nicht eingeladen hat.

Dann steigen die Schüler heimlich über die Mauer, stampfen über die Blumenbeete und stehlen Pflaumen. Die Lehrerin hat schon oft mit ihnen geschimpft. Umsonst!

Doch als die Jungen und Mädchen neulich sogar um die schönsten Pflaumen kämpften, wurde es ihr zu bunt. Sie nagelte ein Schild an einen Baumstumpf und empfahl: „Lasst es sein! Gott sieht alles!" Am nächsten Tag stand darunter: „Aber er verrät es nicht."

(Wörteranzahl: 89)

Wenn viele Mitlaute hintereinander stehen, erleichtert dir deutliches Sprechen das Schreiben: **stampfen**, **Baumstumpf**.

7 Am 23. September

Die Lehrerin bittet Anna: „Schreibst du bitte einen Satz an die Tafel?“ Anna hopst fröhlich nach vorn und schreibt: Heute ist Herbstanfang.

Da sagt Anna: „Das habe ich heute Morgen selbst gemerkt. Der Herbstwind hat in unserem Garten das letzte Obst von den Bäumen geschüttelt. Dabei ist mir ein Apfel auf den Kopf geplumpst.“

Oliver ruft: „Ich habe auf der Hauptstraße ganz viel Staub in die Augen bekommen.“ „Und mir hat der Herbstwind die Kappe vom Kopf geblasen“, kreischt Uli dazwischen.

„Ich glaube, du bleibst morgen lieber zu Hause. Wer weiß, was du sonst noch alles mit dem Wind erlebst“, piepst die kleine Marie.

(Wörteranzahl: 105)

b und *p* klingen vor *s* und *t* gleich. Wenn du nicht weißt, ob du *b* oder *p* schreiben sollst, hilft es manchmal, wenn du ein verwandtes Wort suchst: **bleibst** – **bleiben**, **hopst** – **hopsen**.

8 Vorsicht, an Pfingsten ist viel los!

Viele Schüler haben nur kurze Pfingstferien, aber einige Schulen verlängern sie mit ihren beweglichen Ferientagen.

Meine Freundin konnte immer zu Pfingsten verreisen. Meistens flog sie mit dem Flugzeug, aber in diesem Jahr fuhr sie mit ihren Eltern im Auto nach Österreich. Bald schon standen sie auf der Autobahn im Stau, denn viele Leute machten einen Ausflug. Der Vater schimpfte: „Das ist nur deine Schuld. Du warst erst so spät mit Packen fertig.“ „Ich musste noch unserem Vogel Futter geben und alle Pflanzen gießen“, entgegnete die Mutter. Langsam fuhren sie weiter. Die Straße war wieder frei.

Vor Vergnügen pfiff Vater ein fröhliches Lied.

(Wörteranzahl: 102)

Es gibt keine Regel dafür, wann *F*, *f* und wann *V*, *v* geschrieben wird. Deshalb merkst du dir am besten die Wörter, die mit *V*, *v* geschrieben werden: z. B. **viel**, **Vogel**, **verreisen**. Aber bei *Pf*, *pf* hilft dir deutliches Sprechen: **Pfingsten**, **Pflanzen**.

9 Advent, Advent

In der Adventszeit ist es in der Schule besonders schön.

Ein großer Adventskranz mit vier dicken Kerzen hängt mitten in der Klasse. Ein Vater hat ihn mit violetten Bändern an der Decke befestigt. Jeder Tag beginnt mit einer kleinen Feier. Am Barbaratag stecken wir Zweige in eine Vase. Wir lesen Geschichten vor, einige Kinder spielen Klavier und ein Mädchen bringt ab und zu seine Violine mit. Wir wundern uns immer, wie gut sie schon spielen kann, aber sie muss auch viel üben. Manchmal spielt sie uns ein Lied vor, das wir nicht wieder erkennen. Dann sagt sie verschämt, welches Lied es war, lacht und verspricht(,) es noch einmal zu üben.

(Wörteranzahl: 111)

- Manchmal wird *v* wie *f* (**vier**, **viele**) gesprochen und manchmal wie *w* (**Violine**). Es gibt keine Regel dafür.
- Wörter mit *v* wie *w* gesprochen, kommen meistens aus anderen Sprachen: **Advent**, **Klavier**, **Vase**, **violett**, **Violine**.

10 Der wackelige Zahn

Konstantin und sein Freund Vincent kamen gut gelaunt vom Strand nach Hause. Laut bellend lief ihnen Vincents Hund entgegen.

Da rief Konstantin auf einmal erschreckt: „Mein Zahn wackelt! Guck mal!“ Er sperrte seinen Mund weit auf. Vincent fand das nicht so schlimm und sagte: „Das ist doch kein Grund zum Jammern. Ziehe ihn einfach raus!“ „Wie denn?“ Ohne viele Worte band Vincent das Ende eines Bindfadens um den Zahn, während er das andere Ende an einer Türklinke verknotete.

Peng! Die Tür knallt zu! Konstantin erschrickt und schreit auf. Noch ein Schrei ertönt. Vincent hat sich seinen Finger eingeklemmt. „Das tut mir Leid“, stottert Konstantin, während Vincent seinen Finger kühlt, „aber mein Zahn ist draußen!“

(Wörteranzahl: 114)

d und *t* klingen im Auslaut gleich. Manchmal hilft es, wenn man das Wort verlängert, indem man die Mehrzahl (**Grund** – **Gründe**) oder die Grundform (**band** – **binden**) bildet, oder wenn man die Stammform (**bellend** – **bellen**) sucht.

11 So eine Gemeinheit!

Es gongt! Alle Kinder stürmen hinaus. Einige singen laut das Lied, das sie gerade gelernt haben. Andere Kinder zanken sich.

Auf dem engen, langen Flur gibt es ein großes Gedränge. Aber endlich sind Laura und Julia draußen. Mit Schwung befördern die Zwillinge ihre Schultaschen auf ihre Fahrräder. Doch als Julia losfahren will, entdeckt sie den platten Reifen. Sie denkt: „Oh nein! Wir wollten doch noch flink ein Geschenk für unseren kranken Onkel kaufen!“ Julia fängt an zu weinen.

Die anderen Kinder trösten sie. „Komm, wir gehen zum Hausmeister. Er hilft dir. Und morgen reden wir in der Klasse über die Gemeinheit. Bestimmt finden wir den Feigling, der das gemacht hat.“

(Wörteranzahl: 110)

> Wenn du deutlich sprichst, hört sich *ng* niemals wie *nk* an. Manchmal hilft es dir, wenn du das Wort verlängerst: **fängt** – **fangen**, **denkt** – **denken**.

> Wörter, die *Stadt* enthalten, haben alle mit der Stadt, also einem größeren Ort, zu tun. Es gibt nur wenige Wörter mit *statt*. Am besten lernst du sie auswendig: z. B. **stattlich**, **anstatt**, **stattdessen**, **Werkstatt**, **Gaststätte**.

12 Zum Römer

Herr Schmitz wohnt gleich neben der alten Stadtmauer einer Kleinstadt am Rhein. Er ist der stattliche Wirt der Gaststätte „Zum Römer“.

Jedes Wochenende besuchen zahlreiche Gäste sein Gasthaus. Es ist in der ganzen Stadt bekannt, dass es hier den besten Wein und das beste Essen gibt. Den Wein trinkt man aus herrlichen Tonkrügen, die Herr Schmitz in seiner Werkstatt neben dem alten Stadttor selbst herstellt. Sein Sohn Hannes hilft ihm dabei. Anstatt zu lernen oder zu spielen(,) hockt er lieber den ganzen Nachmittag an der Drehscheibe.

Er ist ein richtiger Künstler. Viele Leute wollen seine Krüge kaufen.

(Wörteranzahl: 97)

13 Die roten Waldameisen

Neulich war unsere Klasse mit einem Förster im Wald. Als wir an einem Ameisenhügel vorbeikamen, sollten wir stehen bleiben. „Niemals dürft ihr einen Ameisenbau zerstören. Ameisen sind nützliche Tiere. Sie schützen unseren Wald. Da, schaut! Mehrere Ameisen schieben und stoßen eine tote Raupe weg."

Der Förster legte ein weißes Taschentuch auf den Ameisenhügel. Sofort krabbelten unzählige Ameisen auf das Tuch. Wir staunten. Niemand sprach ein Wort. Nach einiger Zeit nahm der Förster sein Taschentuch, schüttelte alle Ameisen ab und ließ uns an dem Tuch riechen. Es roch stark nach Säure. Die Ameisen hatten ihr Gift auf das Tuch gespritzt. So bespritzen und töten sie Käfer, Raupen, Würmer, Grillen und Spinnen.

(Wörteranzahl: 110)

In vielen Wörtern hörst du einen *sch*-Laut. Sie werden aber nicht immer mit *sch* geschrieben. Deshalb merke dir diesen Tipp: Vor *p* und *t* steht nur *S/s*, niemals *Sch/sch*, obwohl es so klingt: **stehen**, **zerstören**, **spritzen**, **Spinnen**.

Hörst du ein *kw*, schreibe *Qu/qu*: **Quartier**, **Quelle**, **bequem**. Es gibt kein Wort, das mit *kw* geschrieben wird!

14 Wasser aus dem Berg

Till verbrachte die Sommerferien mit seinen Eltern in den Bergen. Sie hatten ein gemütliches Quartier gefunden. Nachts hörten sie Frösche quaken.

An einem schönen Tag machten sie eine größere Wanderung. Auch Till hatte seine bequemen Wanderschuhe angezogen(,) und so machte ihm das Wandern Spaß. Er hatte noch nicht einmal gequengelt. Plötzlich hörte er ein Plätschern. Aus einer Felsspalte sprudelte klares Wasser hervor. Eine Quelle! Sofort lief Till hin und ließ das Wasser über seine Hände laufen. Es war eiskalt. Till und seine Eltern ließen sich das saubere Quellwasser schmecken.

Auf dem Rückweg pflückten sie Blaubeeren, denn die wollten sie am Abend mit Quark essen.

(Wörteranzahl: 105)

15 Die Eidechse

Wenn du Glück hast, entdeckst du vielleicht an einem Sommertag unterwegs eine Eidechse auf einem warmen Stein.

Am besten legst du dich ganz still ins Gras. Diese kleinen Tiere sind flink und lebhaft, wenn es warm ist. Sie sind schneller, als du denkst! Ist es dagegen kühl, sind sie träge und langsam. Das hängt mit ihrer wechselnden Körpertemperatur zusammen, die bei Wärme steigt und bei Abkühlung sinkt. Im Herbst verkriecht sich die Eidechse in ein Versteck und überwintert in der Winterstarre.

Hast du schon einmal versucht(,) eine Eidechse an ihrem langen Schwanz fest zu halten? Du wirst dich wundern – er bricht ab. Und ein neues Schwanzende wächst nach.

(Wörteranzahl: 107)

Der *ks*-Laut kann auf mehrere Arten geschrieben werden: **Eidechse**, **legst**, **entdeckst**, **denkst**, **Text**. Es gibt keine Regel dafür.

16 Ach, Alexandra!

Max kaut am Bleistift. Er muss Hausaufgaben machen und soll eine Textaufgabe lösen. Aber es ist wie verhext!

Dauernd denkt er an Alexandra. Dabei findet er doch Mädchen blöd. Aber Alexandra ist richtig prima. Sie hat ihn heute in der Mathestunde extra in die Seite geboxt und ihn vor der Lehrerin gewarnt, als er mal wieder mit seinem Freund einen Jux machte. Sie ist überhaupt anders als die anderen Mädchen. Sie kichert nicht dauernd. Aber warum ist sie heute mit einem Taxi zur Schule gekommen?

„Morgen werde ich sie fragen", beschließt er. „Und ich frage sie auch, ob sie mit mir zu meinem Fußballspiel kommt."

(Wörteranzahl: 105)

17 Zirkus ohne Musik

Gespannt warten die Kinder in Kostümen auf den Beginn der Generalprobe. Morgen soll die Zirkusvorführung zur Verabschiedung der vierten Schuljahre sein.

Wann ertönt denn endlich die Musik zum Einmarsch? Nichts war zu hören. Entsetzt stammelt Michael: „Ich weiß nicht, wohin ich gestern die Kassette gelegt habe!“ Ein Sturm der Entrüstung bricht los. Die Lehrerin lässt sich nicht entmutigen. Sie entscheidet: „Dann proben wir ohne Musik.“ Enttäuscht rufen die Artisten: „Wir können ohne Musik nicht turnen. Darum suchen wir die Kassette, während die anderen schon proben.“ Das ist eine gute Entscheidung.

Schließlich entdeckt Nina die Kassette im Kassettenrekorder. So kann die Generalprobe entgegen allen Befürchtungen doch noch gut beendet werden.

(Wörteranzahl: 109)

- Die Silbe *end-* steht nur, wenn das Wort etwas mit *Ende* zu tun hat: **endlich** (= das Warten hat ein Ende), **beenden** (= etwas zu Ende bringen). Wörter mit *-end-* werden immer auf dieser Silbe betont.
- Die Silbe *ent-* ist eine Vorsilbe: **entmutigen**, **enttäuscht**. Hier liegt die Betonung niemals auf *ent-*.

- *Seid* kommt vom Zeitwort sein: Ihr **seid** super! **Seid** doch mutiger!
- *Seit* wird immer zeitlich gebraucht: **Seit** einigen Wochen ... **Seitdem** will er Profi-Spieler werden.

18 Schuss und Tor

Seit einigen Wochen ist Jan im Fußballverein. Zweimal in der Woche geht er zum Training. Seitdem will er Profispieler werden.

Samstags finden immer die Meisterschaftsspiele statt. Seine Eltern begleiten ihn meistens. Sie stehen dann am Spielfeldrand und feuern ihn und seine Mannschaft an. „Weiter, du bist nicht im Abseits! Ihr seid schneller! Seid doch mutiger!“ Beim letzten Spiel gelang Jan der entscheidende Treffer. Er bekam eine steile Flanke und schoss haarscharf am Torwart vorbei ins Tor. Sein Trainer bejubelte seinen knallharten Schuss und lobte die ganze Mannschaft: „Ihr seid heute super!“

Seit diesem Spiel trainiert Jan noch fleißiger.

(Wörteranzahl: 98)

1 Post aus den Ferien

Liebe Susi,

weißt du, woher diese Karte kommt?

Ich schreibe sie aus einem Märchenpark, dem Blühenden Barock, den meine Geschwister und ich so gerne besuchen. Sein Name schreibt sich übrigens groß.

Wir genießen hier unseren ersten Ferientag bei Rotkäppchen, Schneeweißchen und Rosenrot, dem Wolf und den sieben Geißlein, der fleißigen Frau Holle, Rapunzel, Dornröschen und vielen anderen Märchenfiguren.

Du kannst sie wie richtige Menschen in ihren Häusern sehen. Manchmal kannst du auf einen Knopf drücken, dann bewegen sie sich. Einige von ihnen sprechen sogar.

Heute Mittag aßen wir schon eine heiße Wurst(,) und nachher bekommen wir noch ein Eis.

Viele Grüße

| dein Florian

(Wörteranzahl: 103)

Nach langem Selbstlaut und Doppellaut wird der stimmlos gesprochene (scharfe) s-Laut meistens als *ß* geschrieben: **groß**, **Grüße**, **weißt**, **Geißlein**. Einige Ausnahmen sind z. B. Gras, Glas, Eis.

Nach kurzem Selbstlaut wird der stimmlose (scharfe) s-Laut meistens als *ss* geschrieben: **Bissen**, **gefressen**, **musste**. Ausnahmen sind z. B. bis, Bus.

2 Max und Moritz und die Hühner

Max und Moritz spielten, wie ihr wisst, den Leuten viele Streiche.

Einmal hatten sie die Idee(,) die arme Witwe Bolte zu ärgern, die mit ihren Hühnern keinen Spaß verstand. Genau auf diese waren sie versessen. Sie lockten die Tiere mit Brot an, das sie an Fäden gebunden hatten. Hühner und Hahn hatten die Bissen gefressen, da merkten sie, dass sie durch die Fäden aneinander gefesselt waren.
Was tun?

Witwe Bolte musste feststellen, dass es für ihr liebes Federvieh keine Rettung mehr gab. Oh, war das traurig!

Doch dann griff sie zum Messer, schnitt die Fäden durch und wollte ihre Lieben wenigstens noch gebraten essen.

(Wörteranzahl: 104)

3 Schnecken

Jeder weiß, dass Schnecken keine Beine haben und dass sie deshalb kriechen. Wie geht das vor sich?

Der Körper der Schnecke besteht aus einem starken Muskel, den das Tier streckt und zusammenzieht. Dadurch bewegt sich die Schnecke vorwärts. Interessant ist dabei, dass sie eine Schleimspur bildet, auf der sie gleitet und die sie von unten her schützt.

Viele Schnecken bilden aus Kalk ein Haus, das sie im Winter mit einem Deckel verschließen und im Frühjahr, wenn sie aus ihrer Erdhöhle kriechen, wieder öffnen.

Wusstest du schon, dass Schnecken Eier legen, aus denen Junge schlüpfen? Was geschieht mit dem Häuschen, wenn die Jungen wachsen? – Das wächst tatsächlich mit.

(Wörteranzahl: 107)

- Das Bindewort *dass* wird immer mit *ss* geschrieben: Jeder weiß, **dass** Schnecken …
- Der Begleiter *das* und das Fürwort *das* werden mit *s* geschrieben: … in **das** Jagen einweisen. **Das** heißt, sie waren nicht sesshaft. … aus dem Leben, **das** sie führten …

Tipp: *Das* kann durch *dieses* oder *welches* ersetzt werden, *dass* kann nicht ersetzt werden.

4 So lebten die Steinzeitmenschen

Die ersten Menschen auf der Erde lebten vor fast drei Millionen Jahren. Sie werden Steinzeitmenschen genannt, weil sie vorwiegend Werkzeug aus Stein benutzten. Das waren etwa Faustkeile, Beile oder Schaber.

Manches aus dem Leben, das die Steinzeitmenschen in ihren Höhlen führten, ist noch unerforscht.

Sie ernährten sich vom Jagen, Fischen und Sammeln(,) und sie waren Nomaden. Das heißt, sie waren nicht sesshaft. Welche Bedeutung hatten aber die wunderbar erhaltenen Bilder von Tieren und Menschen, mit denen unsere Vorfahren vor 50 000 bis 100 000 Jahren die Wände der Höhlen bemalten? Möglicherweise sollten sie die jungen Menschen in das Jagen einweisen.

(Wörteranzahl: 98)

5 Meine Traumreise

Soll ich dir von einer besonderen Reise erzählen? Du kannst sie weder mit dem Zug noch mit dem Omnibus machen.

Ich ritt wie eine kleine Hexe auf einem Bambusbesen. Den hatte mir meine Urgroßmutter zur Geburt geschenkt. Sie wünschte mir damit viele schöne Erlebnisse.

Ich flog zuerst zu den Fantasietieren und sah ihre Farbenpracht. Dann ging die Reise weiter in eine Arktis aus lauter leckerem Eis. Danach flog ich über das Blütenmeer und atmete die herrlichsten Düfte ein. Schließlich kam ich, von warmen Winden getragen, in ein Land, in dem wunderschöne Klänge zu hören waren.

All dies wirst du im Atlas sicherlich nie finden. – Es soll auch unser Geheimnis bleiben!

(Wörteranzahl: 110)

- Namenwörter mit den Endungen *-as*, *-is*, *-us* und *-nis* haben am Wortende immer ein einfaches *s*.
- In der Mehrzahl verdoppelt sich das *s*: **Omnibus** – **Omnibusse**, **Atlas** – **Atlasse** (auch: Atlanten), **Erlebnis** – **Erlebnisse**.

Bei Zeitwörtern, die in der Grundform *s*, *ß* oder *ss* haben, steht als Endung in der 2. Person Einzahl nur noch ein *t*: lesen – **du liest**, essen – **du isst**, gießen – **du gießt**.
Achtung! nach einem Doppellaut steht *ß*: wissen – du **weißt**.

6 Ein Eisrezept

Weißt du, wie man selbst Eis zubereitet? Wenn nicht, dann wird es höchste Zeit!

Du liest dir zuerst das Rezept gründlich durch, richtest alle Zutaten her und fängst dann an.

Du misst je eine Tasse Milch und Sahne ab, rührst die Flüssigkeit in einer Schüssel um und gibst zwei Esslöffel Zucker dazu. Danach presst du Früchte durch ein Sieb oder lässt sie vom Mixer zerkleinern, fügst einige Tropfen Zitronensaft hinzu und vermischst alles zusammen. Am besten eignen sich Erdbeeren, Himbeeren, Brombeeren oder Bananen.

Du gießt nun die Eismasse in eine Schale, die du ins Tiefkühlfach stellst und mehrmals umrührst, bis das Eis gefroren ist – und gleich isst du das Eis!

(Wörteranzahl: 110)

1 Ferien auf dem Bauernhof

In diesen Ferien sollte es einmal nicht nach Spanien gehen. „Ich habe das Gefühl, ihr Kinder glaubt, dass man Eier von den Bäumen pflückt und dass die Milch aus einer Maschine kommt. „So kann das nicht mehr weitergehen“, hörte man den Vater lachend drohen.

Auf dem Bauernhof durften die Kinder jeden Morgen helfen: Sie fütterten die Hühner und sammelten die Eier ein. Dann waren die Kühe dran: War das viel Mühe, bis jede einzelne Kuh von der Bäuerin gemolken war! Und danach durften sie auf ihrem Lieblingspferd ein paar Runden drehen.

„Den Fernseher habt ihr gar nicht gebraucht“, sagte Mutter auf der Rückfahrt. „Jetzt könnt ihr verstehen, dass man sehr gut ohne ihn leben kann!“

(Wörteranzahl: 115)

- Das gesprochene *h* zwischen Selbstlauten oder Umlauten kannst du sehr deutlich hören: **gehen**, **Kühe**.
- Das Dehnungs-*h* hörst du nicht. Es zeigt dir, dass der vorangehende Selbstlaut *a*, *e*, *o* oder *u* lang gesprochen wird: **Jahr**, **ehrlich**, **Sohn**, **Uhr**.

2 Eine schwierige Lage

In diesem Jahr durfte Stefan allein auf das Volksfest. Aber nun war es sechs Uhr, höchste Zeit für Stefan(,) nach Hause zu fahren. Stefan war froh, als er im dichten Verkehr den Bus kommen sah.

Aber das konnte doch nicht wahr sein: Der Geldbeutel war weg! Hatte ihn jemand gestohlen? Er könnte einfach einsteigen und gar nicht zahlen. Aber sollte man nicht immer ehrlich sein?

Also fuhr der Bus ohne Stefan ab. Der rannte den langen Weg heim. Es war schon dunkel, als er bei seinen besorgten Eltern ankam. Vater nahm seinen Sohn in die Arme und versprach ihm eine Belohnung für seine Ehrlichkeit.

(Wörteranzahl: 104)

3 Früh am Morgen

Lisa muss allmählich aufstehen. Aber sie mag sich nicht rühren, denn draußen regnet es. Außerdem gibt es heute bestimmt ein Diktat in der Schule. Und im Bett ist es ungefähr genauso schön warm und gemütlich wie in einer Höhle. „Ich zähle bis zehn und dann reiße ich dir die Bettdecke weg!“, ruft die Mutter. Lisa stöhnt. Ist es nicht gefährlich(,) ein Kind so grausam zu wecken?

Sie hört, wie die Mutter Stühle rückt und ein Lied singt. Wie kann man an einem solchen Morgen nur so fröhlich sein?

Lisa gähnt und kriecht aus dem Bett. Aber nun schnell waschen und frühstücken. Sonst fährt ihr der Bus vor der Nase weg.

(Wörteranzahl: 110)

Wenn die Umlaute *ä*, *ö*, *ü* in einem Wort lang gesprochen werden, werden sie häufig durch ein *h* ergänzt: **gefährlich**, **Stühle**, **Höhle**.

4 Beinahe zu spät!

Endlich war es Zeit für einen Schulausflug. Die Klasse sollte sich pünktlich am Bahnhof versammeln. Die Lehrerin zählte alle Schüler, aber Holger fehlte natürlich. Beinahe jeden Morgen fühlte er sich nicht wohl und kam zu spät. Einmal tat ein Zahn weh, ein anderes Mal waren es die Ohren.

„Lahme Ente“, murmelte Peter. „Dem werde ich etwas erzählen!“ Frau Meister wollte nun nicht länger warten. „Wahrscheinlich hat er verschlafen.“

Da stolperte ein knallroter Holger um die Ecke. „Meine Mutter schließt abends immer die Wohnung von innen ab. Und heute Morgen hat sie den Schlüssel einfach nicht gefunden. Das kommt aber nie mehr vor!“

(Wörteranzahl: 102)

Ein Dehnungs-*h* steht oft vor den Mitlauten *l*, *m*, *n*, *r*: **fehlte**, **lahm**, **Bahnhof**, **mehr**.

5 Ein gemütliches Gewitter

Als das Gewitter ausbrach, wurde es im Tierpark ganz schnell leer. Mark hatte eine gute Idee: „In der kleinen Hütte dort drüben können wir warten, bis der Regen aufhört."

Da saßen sie nun mit nassen Haaren und froren! Gut, dass noch etwas heißer Tee da war. Und als Mutter den Erdbeerkuchen auspackte, ging es ihnen richtig gut. Vor ihnen lag der kleine See, auf dem einsam ein paar Boote trieben. Alle Schwäne und Moorenten hatten sich versteckt. Die Wege zwischen den Beeten hatten sich zu Bächen verwandelt.

Bald kam die Sonne wieder heraus. Nun konnten sie im Streichelzoo endlich einmal ungestört die neugeborenen Ziegen und Schafe bewundern.

(Wörteranzahl: 107)

- Nicht alle lang gesprochenen Selbstlaute werden mit Dehnungs-*h* geschrieben. Bei manchen Wörtern werden die Selbstlaute *a*, *e* und *o* einfach verdoppelt: **Haar**, **leer**, **Boot**.
- Das lang gesprochene *i* wird oft *ie* geschrieben: **Biene**, **viel**, **lieben**.

6 Wovon die Bienen leben

Ein blühender Garten sieht im Sommer wirklich schön aus. Wir freuen uns an den bunten Farben und dem Duft. Aber die Hummeln und Bienen brauchen die Blumen(,) um zu leben.

Viele Blüten locken diese Tiere mit einem lieblichen Geruch an. Andere Blumen haben auffällige Farben. Manchmal müssen die Bienen ganz tief in die Blüte kriechen(,) um den Nektar zu holen. Den brauchen sie für ihre Königin. Sie bleibt ihr Leben lang im Bienenstock und legt unzählige Eier.

Und wir Menschen lieben den Honig, den die Imker für uns gewinnen. Wichtiger als manche teure Gartenpflanze ist aber oft eine einfache Blumenwiese oder ein blühender Feldrand.

(Wörteranzahl: 104)

7 Überraschung am Nachmittag

Als Karin nach Hause kam, war die Wohnung still. Im Radio spielte leise Musik, aber niemand war da. Auf dem Tisch lag ein Stück Papier. Neugierig las Karin, was ihr Vati geschrieben hatte.

„Liebe Karin", hieß es da. „Ich glaube, Mutti kriegt jede Minute unser Baby. Ich bin mit ihr ins Krankenhaus gefahren. Im Eisschrank gibt es vielleicht etwas zu essen für dich."

Karin schlief beinahe schon, als der Vater endlich kam. Er sah ziemlich müde aus. „Es war alles etwas schwierig. Aber du hast nun einen kleinen Bruder. Es geht ihm gut(,) und Mutti lässt dir sagen, dass sie bald zu Hause ist." Nun konnte Karin friedlich einschlafen.

(Wörteranzahl: 109)

Das lang gesprochene *i*
- wird oft durch *ie* gekennzeichnet: **spielen**, **Papier**;
- wird in wenigen Wörtern als *ih* geschrieben: **ihr**, **ihm**, **ihnen**;
- wird selten nicht gekennzeichnet und kommt so vor allem in Fremdwörtern vor: **Kino**, **Apfelsine**.

8 Ein trauriger Film

Neulich sah ich im Kino einen traurigen Film. Er handelte von einer Familie in Italien, die von der Ernte ihrer Obstbäume lebte. Die Apfelsinen, Zitronen und Mandarinen wurden auf dem Markt verkauft. Nicht nur die Eltern, auch die Kinder hatten das ganze Jahr über Arbeit. Und alle liebten dieses Leben in der Sonne.

Dann kaufte der Bürgermeister Maschinen, die die Früchte kiloweise von den Bäumen pflückten und aus ihnen gleich viele Liter Saft pressten.

Die Familie konnte sich nicht das Benzin für die Geräte leisten. Die Obstbäume wurden verkauft. Alle mussten nun in einer staubigen Fabrik arbeiten. Sie hatten zwar etwas mehr Geld, aber das Leben in der Sonne war vorbei.

(Wörteranzahl: 111)

9 Ein Widerspruch

„Was ist das für ein widerlicher Geruch in deiner Büchertasche?“, fragte die Mutter. Oje! Maria hat schon wieder ihr Pausenbrot nicht gegessen, allerdings vor einer Woche. Widerwillig zieht die Mutter das matschige Päckchen hervor.

„Wie oft soll ich das noch wiederholen? Wenn du mittags wiederkommst, musst du dein Brot aus der Tasche holen. Warum bist du nur so widerspenstig!“ „Das bin ich doch gar nicht“, widerspricht Maria. Sie musste in der Pause Geld für „Brot für die Welt“ einsammeln. Da hatte sie gar keine Zeit(,) etwas zu essen.

Aber das soll nicht wieder vorkommen. Es ist schon widersinnig(,) Geld für hungernde Kinder einzusammeln und das eigene Brot zu vergessen. Oder?

(Wörteranzahl: 110)

Achtung, nicht verwechseln!

- Das mit *ie* geschriebene *wieder* bedeutet *noch einmal* oder auch *zurück*: **wiederholen**, **wiederkommen**.
- Das mit einfachem *i* geschriebene *wider* bedeutet *gegen*: **widerwillig**, **widersprechen**.

Viele Zeitwörter enden auf *-ieren*: **gratulieren**, **probieren**, **passieren**.

10 Gute Noten

Frau Zimmer gibt der Klasse die Aufsätze zurück. „Ich möchte euch gratulieren“, sagt sie, „ihr habt wunderbar geschrieben. Lea, ich wusste gar nicht, dass du dich so für Fußball interessierst. Und David ist bestens über den Sternenhimmel informiert. Allerdings müssen viele von euch noch probieren(,) sauberer zu schreiben. Mir ist es doch bei Lisa passiert, dass ich manche Wörter gar nicht lesen konnte.“

Nur Anna ist etwas traurig. Sie hat nicht so gut abgeschnitten. Aber Frau Zimmer hat schon mit ihrer Mutter telefoniert. Nun weiß sie, dass sich Anna zurzeit schlecht konzentrieren kann. Aber unter ihrem Aufsatz steht: „Nur nicht den Mut verlieren! Du wirst es schon schaffen.“

(Wörteranzahl: 109)

11 Geburtstag im Garten

Lena hat im September Geburtstag. Am Nachmittag feiert sie mit ihren Freundinnen im Garten. Lecker! Es gibt frischen Apfelkuchen und dazu Fruchtsaft.

Alle Gäste haben Hunger. „Wenn nur die lästigen Wespen nicht wären“, schimpft Tina. „Neulich musste ich extra zum Arzt, weil ich gestochen wurde.“ Aber manche Wespen sind ganz schwach und krabbeln nur langsam über den Tisch.

„Jetzt braucht ihr keine Angst mehr vor ihnen zu haben“, sagt Lenas Mutter. „Im Herbst sterben die Wespen. Nur manche Weibchen bleiben am Leben. Erst im nächsten März oder April legen sie ihre Eier. Seid dankbar, dass wir Menschen ein solches Problem nicht haben. Sonst könnten wir alle nur einmal Geburtstag feiern.“

(Wörteranzahl: 110)

- Nach kurzen Selbstlauten folgen fast immer mehrere Mitlaute hintereinander: **Fruchtsaft**, **extra**.
- Manchmal kommen die Mitlaute auch doppelt vor: **Brille**, **stellen**, **Freundinnen**.

12 Die Verwandlung

Seit den Sommerferien sitzt Ulla in der letzten Reihe. Aber irgendetwas stimmt nicht mehr. Wenn Frau Müller eine Frage stellt, bleibt sie oft ganz still. Die Lehrerin beginnt(,) sich zu wundern.

Dann fällt ihr allerdings etwas ein: „Ulla, nenne mir alle Namen, die an der Tafel stehen.“ Das schafft Ulla nicht: Alle Wörter sind völlig verschwommen. Frau Müller lacht: „Ulla, ich glaube, du brauchst eine Brille.“ Oje, ist das nicht schlimm?

Am nächsten Mittwochmorgen sind alle Schüler auf Ulla gespannt. Da kommt sie mit einer tollen, rosaroten Brille. Ulla sieht jetzt richtig witzig aus. Jedenfalls finden das ihre Freundinnen. Wer weiß, vielleicht brauchen sie auch bald eine Brille.

(Wörteranzahl: 108)

13 Fasching

In diesem Jahr sollte mich beim Fasching wirklich niemand wiedererkennen. Zuerst habe ich mir von Mutti ein kaputtes Betttuch genommen und über mich gelegt. Dort, wo die Augen sind, habe ich Löcher hineingeschnitten. Und um den Hals wurde es mit einem Stofffaden etwas zusammengebunden, damit es nicht rutscht.

Und dann habe ich lange geübt, dass niemand meine Stimme erkennt: Ich habe gebellt, gebrummt und geflüstert.

Wie eine Balletttänzerin schritt ich zur Tür hinaus. Doch dann ist leider etwas Dummes passiert. Das Flanelllaken war nämlich zu lang und ich bin voll auf die Treppe gefallen. Mein Jammern hat mich dann verraten. Ob ich es im nächsten Jahr schaffe, unerkannt durch den Fasching zu kommen?

(Wörteranzahl: 113)

Manche Wörter haben am Wortende doppelte Mitlaute (Stoff, Bett). Bei Zusammensetzungen treffen dann manchmal drei gleiche Mitlaute aufeinander: **Stofffaden**, **Betttuch**.

In manchen Wortfamilien kommen sowohl Wörter mit einfachen als auch mit doppelten Mitlauten vor: **schneiden** – **geschnitten**, **greifen** – **griff**, **bekam** – **bekommen**. Achte darauf, ob der davor stehende Selbstlaut kurz oder lang gesprochen wird.

14 Sara wird krank

Gestern hatte Sara gar keinen Hunger. Beim Abendbrot bekam sie überhaupt nichts herunter. „Greif doch zu", sagte Oma, „und nimm etwas von dem geschnittenen Käse. Den isst du doch so gerne. Ich schneide dir auch eine Scheibe von dem frischen Brot ab."

Sara aß ein paar Bissen: „Mir wird schrecklich elend, wenn ich nur an Essen denke." Oma griff ihr an die Stirn und erschrak: Sara war ganz heiß. „Ich glaube, du hast auch die Grippe bekommen. Ich werde jetzt ein kaltes Tuch nehmen und dir einen Wickel machen."

Eigentlich war Sara ganz froh. Jetzt musste sie morgen nicht in die Schule. Aber sie nahm sich vor(,) bald gesund zu werden.

(Wörteranzahl: 111)

15 Eine kleine Familie

Katzen können mehrmals im Jahr Junge bekommen. Beim letzten Mal war Daniel dabei. Eins, zwei, drei kleine, gestreifte Wesen und zuletzt ein weißes! Aber was war das? Da lag plötzlich noch ein rabenschwarzes Kätzchen neben seinen Brüdern und Schwestern!

Zuerst waren die Augen der kleinen Katzen geschlossen, man konnte dort nur Schlitze erkennen. Die Kleinen waren nie schmutzig, weil die Mutter sie immer sauber leckte. Aber manchmal verließ sie auch das Nest(,) um spazieren zu gehen. Trotzdem schliefen ihre Jungen ruhig weiter.

Daniel konnte stundenlang vor dem Nest sitzen. Nur seine Eltern machten sich allmählich Gedanken. Gab es denn wirklich Platz für sechs Katzen in ihrer kleinen Wohnung?

(Wörteranzahl: 108)

- *z* gibt es nicht als Doppelmitlaut. Daher schreibt man nach kurzen Selbstlauten *tz*: **Katze**, **schmutzig**. *tz* ist trennbar: **Kat-ze**, **schmut-zig**.
- Es gibt auch keine deutschen Wörter mit *kk*. Nach kurzem Selbstlaut steht *ck*: **Glück**, **backen**. *ck* kann nicht getrennt werden: **ba-cken**, **Stü-cke**.

16 Das Glück im Kuchen

Morgen hat Utas Schwester Eva Namenstag. Als Geschenk hat Uta ihr einen Kuchen gebacken. Ein besonderer Kuchen war das schon, denn er sollte Eva Glück bringen. Deswegen hat Uta einen Pfennig im Kuchen versteckt.

Als sie ihn verpacken wollte, fiel Uta etwas ein: Wenn nun Eva ein Stück Kuchen ohne den Pfennig bekommen würde? Ob das etwa Unglück bringt? Aber dann hatte Uta eine gute Idee.

Beim Frühstück bekam jeder ein dickes Kuchenstück. Und nicht nur Eva, sondern Vater, Mutter und Uta fanden dort einen Glückspfennig. Den hatte Uta für jeden extra hineingedrückt. Kein Wunder, dass dies ein besonders schöner Namenstag wurde.

(Wörteranzahl: 102)

1 Glück für die Amseln!

Lautes Vogelgezwitscher im alten Fliederbaum neben dem Gartenzaun ist zu hören.

Dort hat ein Amselpaar in einer Astgabel ein Nest gebaut. Nun sind die drei Vogelkinder geschlüpft. Sie sind noch ganz nackt. Pausenlos fliegen die Amseleltern hin und her und bringen Futter. Sobald sich die Vogeleltern dem Nestrand nähern, sperren die jungen Amseln ihre Schnäbel auf.

Gerade bringt der Amselvater einen Käfer und fliegt sofort wieder auf Nahrungssuche. Ganz leise schleicht sich eine Katze heran. Zum Glück hat Sandra das beobachtet. Sie öffnet die Terrassentür und verjagt die Katze.

(Wörteranzahl: 89)

Namenwörter und Zeitwörter können mit anderen Wörtern zusammengesetzt werden und so neue Wörter bilden:
Ast + **Gabel** = **Astgabel**, **weg** + **rutschen** = **wegrutschen**.

2 Sackhüpfen

Kati hat im Juli Geburtstag.

Meistens ist so gutes Wetter, dass sie im Garten feiern kann. Damit sich ihre Gäste nicht langweilen, muss sie sich immer lustige Spiele ausdenken: Eierlaufen, Dosenwettrennen, Sackhüpfen und noch viele andere. Hast du schon mal Sackhüpfen gemacht? Das ist nicht so einfach. Man muss mit beiden Beinen zugleich abspringen, das Gleichgewicht halten und sicher aufkommen. Dabei muss man den Sack auch noch fest halten, damit er nicht wegrutscht. Kurz vor dem Ziel ist Martin hingefallen, als er seinen Freund überholen wollte. Pech!

Wenn die Geburtstagsfeier zu Ende ist, werden alle Kinder heimgebracht.

(Wörteranzahl: 97)

3 So eine Hitze!

Schon stundenlang saßen die Kinder in der Schule und schwitzten.

„Kommt, wir gehen in den Garten. Hier im Klassenraum ist es zu heiß“, sagte die Lehrerin verständnisvoll. Aber auch im wunderschönen Garten konnte sich niemand konzentrieren. Es war windstill(,) und die Sonne schien von einem blitzblauen Himmel. Tom rutschte immer wieder die Brille von der feuchten Nase. Er war kurzsichtig und fand das gar nicht lustig. „Jetzt eine eiskalte Limo!“, stöhnte er. „Warum bekommen wir nicht hitzefrei?“, schimpften einige. „Ich kann immer nur an das glasklare Wasser im Schwimmbad denken.“

Da ertönte endlich die erlösende Lautsprecherstimme: „Alle Kinder dürfen jetzt nach Hause gehen!“

(Wörteranzahl: 103)

Du kannst neue Eigenschaftswörter bilden, indem du sie mit anderen Wörtern zusammensetzt:
Eis + kalt = eiskalt, **Stunde + lang = stundenlang**.

4 Die Grille und die Ameise

Den ganzen Sommer über hatte die Grille unaufhörlich gesungen. Sie hatte unglaublich viele Freunde, die ihrem Gesang lauschten. Es gab genug Nahrung(,) und die Grille lebte unbesorgt in den Tag hinein.

Doch dann wurde es Winter. Sie fand nichts mehr zu fressen, es wurde ungemütlich kalt(,) und die Grille wurde unglücklich. Sie traf die Ameise, die während des Sommers unaufhörlich Vorräte gesammelt hatte. Misstrauisch betrachtete die Ameise die hungrige Grille. Diese bat: „Bitte gib mir etwas von deinen Vorräten.“ Ungerührt von der Not der Grille erwiderte die Ameise entrüstet: „Nein, du hättest rechtzeitig vorsorgen müssen!“

Entmutigt ging die Grille weiter.

(Wörteranzahl: 100)

Mit den Vorsilben *un-*, *ent-*, *miss-* veränderst du den Sinn von Eigenschaftswörtern: **glücklich – unglücklich**, **mutig – entmutigt**, **missmutig**.

5 Der Kampf um die Ampel

In der Nähe unserer Schule befindet sich an einer Kreuzung eine Ampelanlage.

Die Verkehrsplaner waren für Abschaffung der Ampel. Die Nachbarschaft und wir Schüler waren anderer Meinung. Wir waren für die Erhaltung der Ampel, denn nach unserer Beobachtung würde die Überquerung der Straße auf einem Zebrastreifen viel zu gefährlich sein. In Wahrheit ging es den Politikern nur darum(,) Geld zu sparen. Schüler und Lehrer zeigten in einem Protestbrief mit aller Deutlichkeit ihre Unzufriedenheit.

Gestern sah ich Straßenarbeiter an der Kreuzung. Sie waren mit der Herstellung einer Verkehrsinsel beschäftigt. Ob unser Protest nutzlos war?

(Wörteranzahl: 93)

Mit den Nachsilben *-heit*, *-keit*, *-schaft*, *-ung* kannst du aus Eigenschaftswörtern und Zeitwörtern neue Namenwörter bilden: **wahr + -heit = die Wahrheit**, **meinen + -ung = die Meinung**.

6 Der letzte Schrei!

Beim Schulfest veranstaltete das vierte Schuljahr eine Modenschau. Gemeinsam sammelten die Kinder Ideen. Dabei hatten sie schon riesigen Spaß.

Es war mühsam(,) einen langen Laufsteg aufzubauen. Aber da sie rechtzeitig mit der Vorbereitung angefangen hatten, klappte alles wunderbar.

Nora pries mit kräftiger Stimme die fantastischen Modelle an. Ronja kam sportlich in Schlafanzug, Bergschuhen und Badekappe. Till erschien modisch mit grüner Riesenschleife aus Krepppapier(,) und Julius hatte Vaters altmodischen Regenmantel an. Lustig wurde es, als Alina auf Stöckelschuhen über den Laufsteg trippelte, mehrfach umknickte und schließlich die Schuhe zornig in die Hände nahm. Franzi erschien in einem himmlischen Nachthemd. Sie schwebte förmlich über den Laufsteg.

Stürmischer Beifall ertönte.

(Wörteranzahl: 107)

Mit den Nachsilben *-ig*, *-isch*, *-lich*, *-sam*, *-bar* kannst du Eigenschaftswörter bilden: **Sport + -lich = sportlich**, **Zorn + -ig = zornig**, **Wunder + -bar = wunderbar**.

7 Schüler sein ist schwer!

Wenn ich verschlafe, fängt der Tag schon mit Ärger an. Aber ausgeschlafen kann ich besser rechnen. Wenn ich laut vorrechne, darf ich mich nicht verrechnen. Dann werden mich meine Freunde auslachen(,) und ich kann nicht mitlachen. Während der Freiarbeit darf ich nicht reden, aber beim Diskutieren soll ich mitreden und andere ausreden lassen. Schreibt die Lehrerin etwas an die Tafel, muss ich hingucken, beim Test darf ich nicht abgucken – da soll ich weggucken. Auf einer Wanderung darf ich nicht vorrennen und erst recht nicht wegrennen.

Den ganzen Ärger muss ich runterschlucken(,) ohne mich zu verschlucken. Ja, als Schüler hat man es nicht leicht.

(Wörteranzahl: 103)

Vorsilben verändern den Sinn von Wörtern: **schlafen – verschlafen – ausschlafen**, **Hinfahrt – Rückfahrt – Einfahrt – Weiterfahrt – Durchfahrt**.

8 Der Verkehrsfunk meldet: Stau!

Schon lange hatte Ina sich auf die Fahrt in die Ferien gefreut. Aber schon die Hinfahrt dauerte länger als geplant. Auf der Zufahrt zur Autobahn staute sich der Verkehr.

„Wahrscheinlich gab es da vorne einen Auffahrunfall“, meinte Inas Mutter. Richtig, bei der Weiterfahrt sahen sie die verbeulten Wagen. „Hoffentlich fahren wir jetzt zügig weiter“, dachte Ina. Sie hatten Glück. Aber kurz vor der Einfahrt in den Tunnel standen wieder alle Autos still. „Ist das hier eine Stau-Party?“, fragte Inas kleiner Bruder. „Ich glaube, das nennt man jetzt so“, erwiderte der Vater genervt. „Hoffentlich haben wir gleich freie Durchfahrt!“, rief die Mutter.

„Und ich wünsche mir eine problemlose Rückfahrt“, stöhnte Ina.

(Wörteranzahl: 110)

Hinweis:

In den Diktaten dieses Kapitels sollen die farbig markierten Wörter selbstständig getrennt und notiert werden. Sollte dies innerhalb des Gesamtdiktates Schwierigkeiten bereiten, können die Trennungen auch gesondert vorgenommen werden.

1 Von Hafen zu Hafen

Mit Fracht-schif-fen werden Wa-ren von Hafen zu Hafen ge-fah-ren. Das können Gü-ter wie Früch-te, Getreide, Koh-le, Maschinen o-der Rohre sein. In den Häfen werden die Schiff-frach-ten ge-löscht.

Das heißt, sie wer-den aus-ge-la-den und in großen Speichern gelagert oder mit Zü-gen und Last-wa-gen weitertransportiert. Manche Schif-fe sind so groß, dass sie nicht oh-ne Hilfe einen Hafen an-lau-fen können. Schlepper zie-hen sie hinein und heraus.

Die riesigen Öl-tan-ker sind so groß, dass sie gar nicht in die Hä-fen hineinpassen. A-ber sie können an Docks ge-leert werden, die vor die Häfen gebaut wurden.

(Wörteranzahl: 90)

2 Woher kommt die Butter?

But-ter und Käse werden aus Milch gemacht. Es gibt heute viele verschiedene Buttersorten. Aber wie ist der Mensch auf die Idee ge-kom-men(,) Butter zu machen?

Es heißt, dass vor langer Zeit ein Mann in einem Lederbeutel Milch auf eine Reise mit-ge-nom-men hat. Auf der Reise schwang der Beutel im-mer hin und her. Dabei wurde die Milch tüchtig ge-schüt-telt. Als der Mann die Milch schließlich trinken wollte, war daraus ein köstlicher But-ter-klum-pen geworden.

Jahrhundertelang wurde der Milch-rahm in ein Butterfass ge-gos-sen. Ein langer Stock wurde so lange darin auf- und abbewegt, bis die Butter fertig war. Heute kann man mit Maschinen mehrere Ton-nen Butter in einer Stunde her-stel-len.

(Wörteranzahl: 107)

- Wörter mit mehr als einer Silbe kann man am Ende einer Zeile trennen. Diese Wörter trennt man so, wie sie sich beim langsamen Sprechen in Silben zerlegen lassen: **ge-fah-ren**, **Öl-tan-ker**.
- Ein einzelner Mitlaut wird dabei auf die nächste Zeile geschrieben: **Ha-fen**.
- Bei zwei und mehreren Mitlauten kommt der letzte auf die neue Zeile: **But-ter**, **wer-den**, **ge-schüt-telt**.
- Ein einzelner Selbstlaut am Anfang darf auch abgetrennt werden: **a-ber**, **o-der**.

3 Der Umzug

Schon um 13 Uhr stand der voll beladene Möbel-wagen* vor dem neuen Reihen-haus.

Nun mussten die vielen Möbel, Kisten und Pakete aus-gepackt werden. Bücher-kisten, über-füllte Spiel-zeug-kisten, hell-braune Kleider-schränke, dunkel-grüne Garten-stühle, riesen-große Topf-pflanzen, kuschel-weiche Sofa-kissen, Bett-tücher, eine alte Wasch-maschine und vieles andere kam zum Vor-schein. Mutter nannte jeweils die Zimmer, sodass** die Sachen schnell in dem neuen Haus ver-schwanden. Vater half beim Zusammen-bauen der Schlaf-zimmer-möbel und die Kinder spielten mit den neuen Nachbar-kindern.

Sie genossen das herrliche Durch-einander. Am Abend fühlten sich schon alle richtig zu Hause.

(Wörteranzahl: 86)

* Die rot hervorgehobenen Begriffe können auch an weiteren Stellen noch getrennt werden.

** Die Schreibweise *so dass* ist ebenfalls möglich.

Zusammengesetzte Wörter und Wörter mit einer Vorsilbe werden nach ihren Bestandteilen getrennt: **Topf-pflanzen**, **Spiel-zeug-kiste**, **über-füllte**, **ver-schwenden**.

4 Auf dem Minigolfplatz

We-hen-de Fah-nen zeigen den Minigolfplatz an. Großvater, Jonas und Thea se-hen sie schon von ferne.

Thea gibt keine Ru-he, bis sie Großvater zu einem Spiel überredet hat. Großvater will noch schnell be-zah-len, wäh-rend die beiden Kinder schon bei Bahn 1 ste-hen. Sie ver-ste-hen die Regeln sehr schnell. Und schon kann das Spiel los-ge-hen. Auf den ersten drei Bah-nen macht Großvater keinen Feh-ler. Doch all-mäh-lich stört ihn die Un-ru-he der Kinder, die munter wie zwei Flö-he sind. Sein Spiel wird immer schlechter. Meh-re-re Schläge ge-hen daneben.

Aber am Ende ist Opa dennoch der Gewinner. Das hätte Thea nicht gedacht.

(Wörteranzahl: 98)

- Auch bei Wörtern mit Dehnungs-*h* gilt die Regel, dass der letzte von zwei Mitlauten auf die neue Zeile kommt: **Feh-ler**, **Zah-len**.
- Bei den Wörtern mit gesprochenem *h* gilt die Regel, dass ein einzelner Mitlaut auf die neue Zeile kommt: **se-hen**, **ver-ste-hen**, **ge-hen**.

5 Eine fröhliche Bastelstunde

Es sind nur noch wenige Wochen bis Os-tern, also höchs-te Zeit zum Bas-teln.

Die Schüler und Schülerinnen der 4b sitzen an ihren Tischen und flüs-tern. Sie sind ganz aufgeregt. Auf jedem Tisch steht ein Topf Kleis-ter. Daneben liegen Ta-pe-ten-res-te und feiner Maschendraht. Sie bas-teln be-stimmt ein schönes Os-ter-ge-schenk. Vera ist am flinks-ten. Sie ist die Ers-te, die ihren dicken Os-ter-ha-sen fertig hat. Deshalb darf sie schon ihr Früh-stück auspacken.

Als Nächs-ter wird Ulf fertig. Als die Kinder seinen Hasen sehen, müssen sie lachen. Es ist der bes-te Os-ter-ha-se der Klasse.

Bravo, Ulf!

(Wörteranzahl: 91)

- Wörter mit *st* werden zwischen *s* und *t* ge-trennt: **Os-tern**, **bas-teln**.
- Aber Achtung bei zu-sammengesetzten Wörtern: **Früh-stück**, **Rast-platz**, **be-stimmt**.

6 Die kleine Wespe Nimmersatt

Von einer Ro-sen-knos-pe aus startet die kleine Wes-pe Nimmersatt zu ihrem Rundflug durch Frau Knis-pels Küche. „Herrlich“, denkt sie, „was es hier so alles zu knus-pern und zu schlecken gibt!“

Schwupp, landet sie auf einer Vi-ta-min-kap-sel. „Brr, die schmeckt aber scheußlich!“, ruft sie entrüstet und setzt sich sanft auf den dicken Karp-fen, nascht von den Roll-möp-sen und den Königsberger Klop-sen und genießt schließlich ein paar Trop-fen von den Schnäp-sen des Hausherrn. Doch am besten schmeckt ihr der dicke grüne Ap-fel auf dem Küchentisch. „Der ist ein wahrer Traum“, schwärmt sie.

Dann fliegt sie schnell davon (,) um ihre Freundinnen zu holen.

(Wörteranzahl: 100)

Stehen *pf*, *ps* und *sp* vor einem Selbstlaut, wird zwischen ihnen getrennt: **Ap-fel**, **Schnäp-se**, **Wes-pe**. Es gilt also auch bei diesen Wörtern die Regel, dass von zwei und mehreren Mitlau-ten der jeweils letzte auf die neue Zeile kommt.

7 Das Gemeindefest der Thomaskirche

Lustig ging es zu auf dem Gemeindefest der ka-tho-li-schen Thomaskirche.

Nachdem man in der Kir-che noch den Texten alter Pro-phe-ten gelauscht hatte, kamen nun die Zu-cker-bä-cker, Weinverkäufer und Losverkäufer in Schwung. Herr-li-che Ku-chen wurden ge-ba-cken, Fla-schen mit sü-ßer Limonade verkauft, Blu-men-sträu-ße verschenkt, Zi-ther gespielt und viele Stro-phen von lustigen Liedern gesungen. Die kleine Linda verlor ihre Ja-cke, der Pastor vergaß seine Ge-bet-bü-cher und Theo fand seinen Da-ckel nicht wieder.

Aber das Fest dauerte bis tief in die Nacht hinein(,) und am Ende gingen alle glück-lich nach Hause.

(Wörteranzahl: 87)

ck, *ch*, *sch*, *ß*, *ph*, *rh* und *th* gelten als ein Laut. Daher bleiben sie beim Trennen immer zusammen: **Ja-cke**, **Kir-che**, **Fla-sche**, **sü-ße**, **Stro-phe**, **ka-tho-lisch**.

8 Ein Schreck am Abend

Da wir gestern ei-nen schul-frei-en Tag hatten, fuhren Kai und ich mit unseren Rädern am Rhein entlang. Es war ein herrlicher milder Mai-a-bend und wir befanden uns schon auf dem Rückweg. Da sahen wir hinter ei-ni-gen Wei-den Reste einer alten Stadt-mau-er und eines Turms. Große Tei-le des alten Ge-mäu-ers waren mit Efeu und Blumen überwuchert.

Plötzlich hörten wir das schau-ri-ge Geheul einer Eu-le. Da es schon ziemlich dunkel und die Beleuchtung auf dem stei-ni-gen Weg sehr schlecht war, fand ich das alles sehr unheimlich. Als die Eu-le kurz darauf ganz nah an mir vor-bei-se-gel-te, musste ich vor Schreck laut auf-schrei-en.

(Wörteranzahl: 100)

Die Doppellaute *ai*, *au*, *äu*, *ei*, *eu* dürfen nur gemeinsam abgetrennt werden: **Mai-a-bend**, **schau-rig**, **Ge-mäu-er**, **ei-ner**, **Eu-le**.

1 Pong Ping in Deutschland

Kurz vor Weihnachten kam der kleine Chinese Pong Ping mit seinen Eltern für ein paar Wochen nach Deutschland.

Zunächst blieben sie drei Tage am Chiemsee, wo sie eines von König Ludwigs Schlössern bewunderten. Dann brachte ein Chauffeur sie in einem Wagen nach München. Dort musste Pongs Vater, ein berühmter Chirurg und Chef eines großen Krankenhauses in Hongkong, einen Vortrag vor vielen Ärzten halten.

In München herrschte fast so ein Chaos wie in Hongkong, denn viele Leute machten schnell noch ihre Weihnachtseinkäufe. Aber das bemerkte Pong nicht. Er hatte nur Augen für den riesengroßen, geschmückten Christbaum im Zentrum der Stadt.

(Wörteranzahl: 99)

Die Wörter mit *Ch* am Wortanfang kommen aus anderen Sprachen. Manchmal wird das *Ch* wie *k* gesprochen (z. B. **Chiemsee**, **Chaos**), manchmal wie *sch* (z. B. **Chef**, **Chauffeur**) und manchmal wie *ch* (z. B. **Chinese**). Die Aussprache des *Ch* kann innerhalb von Deutschland auch verschieden sein.

Einige Wörter werden mit einfachem *k* geschrieben, obwohl der Selbstlaut davor kurz gesprochen wird. Diese Wörter kommen aus anderen Sprachen, z. B. **Oktober**, **Direktor**, **Fabrik**.

2 Auf der Fabrikmauer

Eine späte Oktobersonne schickte ihre Sonnenstrahlen auf Sven, Florian und Lena.

Die Kinder saßen gemütlich auf der Mauer einer Schokoladenfabrik. Florians Vater war der Direktor der Fabrik. Deshalb durften sie sich gelegentlich dort aufhalten(,) und ab und zu gab es auch ein Stück Schokolade. Florian freute sich, wenn er an die Mathematikarbeit vom Vormittag dachte.

„Zuerst hatte ich gar nichts verstanden“, erzählte er. „Ich dachte schon, dass ich so viele Fehler machen würde wie gestern im Diktat. Aber dann hast du mir ja ein paar Tipps gegeben, Lena. Danke schön. Deshalb klappte es schließlich doch und ich wurde sogar als Erster fertig.“
„Herzlichen Glückwunsch“, lachte Sven.

(Wörteranzahl: 107)

3 Theodor aus Thüringen

Träumend saß Theodor am Rhein. Er dachte an den Thüringer Wald, von wo er vor einigen Jahren mit seinen Eltern hergekommen war. Ab und zu hatte er immer noch Heimweh.

Wenn das passierte, begann er schnell wieder mit seinem Sporttraining. Denn er wollte ein berühmter Leichtathlet werden. Dann lief er im Dauerlauf den Rhein entlang oder er ging in die Bibliothek und holte sich Bücher über bekannte Sportler oder über ein anderes Sportthema.

Wenn er viel Zeit hatte, half er seinem Vater in der Apotheke. Er arbeitete dann als Laufbursche. Das machte Spaß(,) und es war gleichzeitig ein gutes Training.

(Wörteranzahl: 100)

Einige Wörter werden mit *th* geschrieben. Sie kommen meistens aus anderen Sprachen. *th* gilt als ein Laut und kann nicht getrennt werden, z. B. **Leichtathlet**, **Apotheke**.

4 Paula, die Wetterprophetin

Müde schlurfen drei Kinder über die lange Asphaltstraße. Wie die Wetterpropheten verkündet hatten, ist es heute schrecklich heiß.

Paula triumphiert: „Wie ich doch wieder Recht hatte! Genau dieses Wetter habe ich vorhergesagt, stimmt's?“ „Ja, ja“, stöhnt Susanne. „Du weißt immer alles. In Physik kennst du dich aus. Du weißt, wo die Philippinen liegen. Du weißt die Namen von vielen Pharaonen. Du kennst immer alle Strophen eines Gedichtes. Du bist ein richtiges wandelndes Lexikon.“

„Ich finde, dass Paula eher eine echte Katastrophe ist wie eine Überschwemmung oder ein Tornado oder so“, lacht Max. „Es ist ja prima, dass sie viel weiß. Aber es ist doof, dass sie immer Recht haben will.“

(Wörteranzahl: 110)

Wörter mit *ph* kommen aus anderen Sprachen, meistens aus dem Griechischen. *ph* wird wie *f* gesprochen: **Physik**, **Strophe**. Bei einigen Wörtern wird *ph* auch schon als *f* geschrieben: **Grafik**, **Fotografie**.

Hinweis:

In diesen Diktaten sollten die jeweils farbig hervorgehobenen Satzzeichen selbstständig gesetzt werden. Daher müssen die einzelnen Sätze besonders gut betont werden. Wenn große Schwierigkeiten bestehen, kann beim Diktieren auch auf die einzelnen Stellen hingewiesen werden, an denen Satzzeichen gesetzt werden müssen.

1 Weitere Untaten von Max und Moritz

Erinnert ihr euch an die traurige Geschichte von Witwe Boltes Hühnern?

Stellt euch vor, Max und Moritz ärgerten die gute Frau noch mehr! Als sie den Hühnerbraten rochen, waren sie bereit zu neuen Taten. Was hatten sie vor?

Sie rüsteten sich mit einer Angel aus und stiegen auf Frau Boltes Dach.

„Komm mal her und sieh dir das an!“, rief Moritz voller Freude. „Da brutzeln sie ja alle vier!“

Als die gute Frau gerade im Keller noch etwas Kraut holen wollte, zogen die Schelme mit ihrer Angel ein Hühnchen nach dem anderen durch den Kamin nach oben. Das war geschafft!

Und wer steckte die Prügel ein? – Der arme Spitz!

(Wörteranzahl: 109)

Nach Aussagesätzen steht ein Punkt, nach Fragesätzen ein Fragezeichen und nach Befehlssätzen, Bitten und Ausrufen ein Ausrufezeichen:
Als sie den Hühnerbraten rochen, waren sie bereit zu neuen Taten**.** Was hatten sie vor**?** Das war geschafft**!**

2 Was Blätter alles können

Blätter haben wichtige Aufgaben für die Pflanzen, für unsere Luft und für den Wasserhaushalt.

Die Blätter schützen den zarten Trieb einer Pflanze. Die Sonne und der grüne Farbstoff der Blätter bilden zusammen die Nahrung der Pflanze. Dabei bildet das Blatt Sauerstoff, den es an die Luft abgibt.

Schließlich verdunsten die Blätter Wasser, das sich in den Wolken sammelt und als Regen oder Schnee wieder auf die Erde fällt.

Blätter sorgen also für Schutz, Nahrung, Luftverbesserung und Niederschläge. Aber damit nicht genug: Manche Blätter ernähren andere Lebewesen und schrecken Feinde ab. Sie können auch schwimmen, duften, klettern und grüne Flächen bilden.

(Wörteranzahl: 100)

- Die einzelnen Teile einer Aufzählung werden durch Komma abgetrennt: ... **schwimmen, duften, klettern**.
- Stehen *und* oder *oder* zwischen den Teilen der Aufzählung, so wird kein Komma gesetzt: Schutz**,** Nahrung**,** Luftverbesserung **und** Niederschläge.

3 Katzenkinder

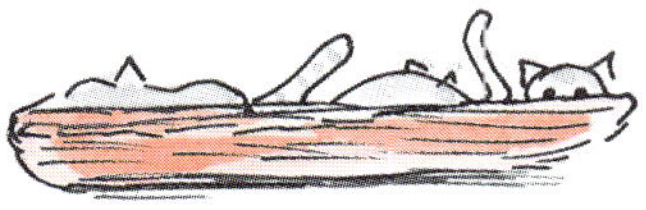

Letztes Frühjahr brachte unsere Katze Junge zur Welt.

Sie schlüpften aus dem Mutterleib(,) und sofort leckte die Katzenmama die Fruchthülle ab, die ihre kleinen Körper umgab. Ein schönes Fell kam zum Vorschein(,) und jedes Kätzchen sah anders aus. Die Neugeborenen fanden gleich die richtige Stelle zum Trinken.

Nach acht Tagen öffnete eines die Augen(,) oder blinzelte es nur? Allmählich schauten sie alle richtig wach. Mit vier Wochen hörten sie auch gut(,) und sie nahmen feste Nahrung zu sich.

Sie lernten(,) aus ihrer Kiste zu springen(,) und sie erkundeten die Umgebung auch draußen. Dabei spielten sie immerfort. Nach vier Monaten verloren sie ihre Milchzähne(,) und damit waren sie fast erwachsen.

(Wörteranzahl: 109)

Werden zwei Sätze mit *und* oder *oder* verbunden, so kann ein Komma davor stehen (muss aber nicht):
Ein schönes Fell kam zum Vorschein**(,) und** jedes Kätzchen sah anders aus.
Nach acht Tagen öffnete eines die Augen**(,) oder** blinzelte es nur?

Vor den Bindewörtern *denn* und *aber* steht ein Komma:
Sie hat Blüten und Früchte**, aber** nur die Früchte werden von manchen gesammelt.
Am liebsten mag es Sandboden**, denn** dort kann das Wasser rasch abfließen.

4 Das Teekesselchenspiel

Heiko und Mareike haben sich zusammen ein Wort ausgedacht, das zwei Bedeutungen hat. Beide beschreiben jeweils eine Bedeutung, aber das Wort selbst dürfen sie nicht verwenden, denn die Mitspieler müssen es erraten.

Heikos Teekesselchen ist eine Pflanze. Sie hat Blüten und Früchte, aber nur die Früchte werden von manchen gesammelt. Das Teekesselchen hat einen dicken Stamm, aber keine Blätter. Es kann stechen. Am liebsten mag es Sandboden, denn dort kann das Wasser rasch abfließen.

Mareikes Teekesselchen ist ein Körperteil und wird häufig benutzt, denn schließlich will niemand verhungern. Es kann zwar nicht stechen, aber es hilft beim Beißen und Kauen.

Wie heißt das Teekesselchen? – Richtig: die Kiefer und der Kiefer.

(Wörteranzahl: 110)

5 Große Pause

In der großen Pause wirbeln die Schulkinder richtig durcheinander und toben sich aus. Auf dem Pausenhof rennen sie wie wild umher, weil sie bereits zwei Stunden still sitzen mussten. Da es in manchen Schulen Spielplätze gibt, dürfen sich die Schüler dort beschäftigen.

Klaus und seine Freunde schaukeln, klettern und rutschen, während Tina, Max und Sonja Verstecken spielen. Schade, dass Juliane heute nicht da ist. Martina und Peter spielen immer Gummihüpfen mit ihr. Sie hat sich bestimmt erkältet, als sie neulich ohne Jacke in der Pause herumgerannt ist.

Wenn es klingelt, gehen die Kinder wieder in ihre Klassenzimmer. Um die Schule herum wird es dann wieder ganz ruhig.

(Wörteranzahl: 107)

Sätze mit den Bindewörtern *dass*, *weil*, *wenn*, *als*, *da*, *während* werden durch ein Komma abgetrennt:
Schade**, dass** Juliane heute nicht da ist. Sie rennen wild umher**, weil** sie bereits zwei Stunden still sitzen mussten.

6 Ein Telefongespräch

„Der Anruf ist sicher für dich. Geh doch mal ans Telefon!“, ruft die Mutter ihrem Sohn zu.

„Ist gut“, antwortet Paul.

„Hallo, hier ist Paul Kocher.“

„Sabine hier. Du Paul, ich weiß nicht mehr, welche Hausaufgaben wir aufhaben. Kannst du es mir sagen?“, fragt die Stimme am anderen Ende der Leitung.

Paul lacht: „Ja, warte! Ich sehe schnell nach.“

Kurz darauf kehrt er zurück und erklärt: „Hör zu, Sabine! Wir sollen das Lied nochmal üben(,) und dann müssen wir das Diktat mit der wörtlichen Rede abschreiben. Du weißt doch, dass es morgen drankommt.“

„Ach, das ist ja nicht schwer! Danke, Paul. Bis morgen.“

„Du hast gut reden. Bis morgen“, verabschiedet sich Paul.

(Wörteranzahl: 113)

- Die wörtliche Rede steht immer in Anführungszeichen: **„**Hallo, hier ist Paul Kocher**.“**
- Steht der Begleitsatz vor der wörtlichen Rede, so folgt ihm ein Doppelpunkt: Paul lacht**: „**Ja warte! …**“**
- Steht der Begleitsatz nach der wörtlichen Rede, so wird er immer durch Komma abgetrennt: **„**Kannst du es mir sagen**?“,** fragt die Stimme.

1 Im Kaufhaus

Jule ist mit Felix und ihrer Mutter ins Kaufhaus gegangen. Hier gibt es so viel zu sehen. Zunächst kaufen sie ein paar wichtige Sachen für die Schule wie Schreib- und Rechenhefte, Filzstifte und Zeichenblöcke.

In der Abteilung für Küchen- und Gartenmöbel kaufen sie einen kleinen Klappstuhl. In der Buchabteilung suchen sie sich Mal- und Bastelbücher aus.

Zum Abschluss geht Mutter zum Friseur, während sich die Kinder die Zeit in der Spiel- und Bastelecke vertreiben. Dort wird es ihnen ganz bestimmt nicht langweilig.

(Wörteranzahl: 82)

Du kannst manche Wortgruppen kürzen, wenn du den gemeinsamen Wortteil durch einen Bindestrich ersetzt: **Spielecke und Bastelecke** = **Spiel- und Bastelecke**.

2 Schöne Straßen

In Rheinland-Pfalz beginnen die großen Ferien. Kai und Linda freuen sich über die vielen freien Tage. Nun haben sie Zeit(,) um mit den anderen Kindern aus der Kaiser-Karl-Straße zu spielen.

Sie haben einen Klub gegründet, der die viereckigen Flächen um die Straßenbäume herum schön gestalten will. Einige Kinder von der Heinrich-Heine-Allee wollen ebenfalls heute zum Treffen kommen. Sie sind alle voller Ideen. Einige von ihnen hatten in einer anderen Kleinstadt wunderschön gestaltete Straßen gesehen. Nun wollen sie, dass ihre Straßen auch so schön aussehen sollen.

Hoffentlich haben sie Erfolg!

(Wörteranzahl: 89)

Bei Zusammensetzungen setzt man einen Bindestrich zwischen alle Teile, wenn die ersten Bestandteile Eigennamen sind: **Rheinland-Pfalz**, **Heinrich-Heine-Allee**.

3 Wer hat das schönste Bild?

Klaus, Hanna und Michael sammeln Autobilder.

Stolz zeigt Michael sein neues Bild, einen 12-Tonner. Klaus staunt über diesen tollen Lastwagen, denn er ist knallrot. Doch dann lacht er: „Ich glaube, ich habe etwas noch Besseres. Schau mal!“ „Mensch, das ist ja sogar ein 16-Tonner mit Anhänger“, staunt Klaus. „So einen habe ich schon 2-mal* auf einem Rastplatz gesehen.“

„Seht mal, was ich habe!“, lacht Hanna. „Bloß einen 4-Tonner, aber grasgrün. Klein, aber fein. Hier habe ich auch Fotos von unserem letzten Fußballspiel gegen die 4b, von unserem großen 6:4-Sieg. Und das hier ist das Starfoto von unserem 10-jährigen Kapitän Klaus. Gefällt es dir?“

(Wörteranzahl: 103)

* Die Schreibweise *zweimal* ist ebenfalls möglich.

Zusammensetzungen mit Ziffern, Einzelbuchstaben und Abkürzungen werden mit Bindestrich geschrieben: **12-Tonner**, **A-Dur**, **UKW-Sender**.

4 Aufführung in der Musikschule

Zum ersten Mal spielt Katrin in der Musikschule ein Stück auf ihrer Geige vor. Es ist ein Stück in A-Dur von Wolfgang Amadeus Mozart.

Für diesen Auftritt hat sie von ihrer Oma ein weißes T-Shirt mit dem Bild einer Geige bekommen. Sie ist aufgeregt, aber sie macht ihre Sache sehr gut.

Ihr älterer Bruder hat hier schon oft vorgespielt. „Ich war schon x-mal hier“, meint er lachend. „Aber aufgeregt bin ich immer wieder. Wenn ich oben auf der Bühne stehe, komme ich mir zuerst so klein wie ein i-Punkt vor. Doch nach den ersten drei Takten fühle ich mich richtig wohl. Übrigens wird die Aufführung heute vom UKW-Sender übertragen. Toll, nicht wahr?“

(Wörteranzahl: 111)

Überblick über wichtige Begriffe aus der Grammatik (deutsch / lateinisch)

Deutsche Begriffe	Beispiele	Lateinische Begriffe
Namenwort, Hauptwort	das Haus	Nomen, Substantiv
Einzahl des Namenwortes	das Haus	Singular
Mehrzahl des Namenwortes	die Häuser	Plural
Zeitwort, Tunwort, Tätigkeitswort	gehen	Verb
Grundform des Zeitwortes	gehen	Infinitiv
Befehlsform des Zeitwortes	Geh! Geht!	Imperativ
Eigenschaftswort, Wiewort	schnell	Adjektiv
Steigerung: Grundstufe	schnell	
1. Vergleichsstufe (Höherstufe)	schneller	Komperativ
2. Vergleichsstufe (Höchststufe)	am schnellsten	Superlativ
Begleiter, Geschlechtswort	der, die, das	Artikel
Fürwort, Stellvertreter	er, sie, ihr, sein …	Pronomen
Zahlwort	sechs, viele …	Numerale
Verhältniswort	auf, im, unter …	Präposition
Bindewort	da, weil, aber …	Konjunktion
Selbstlaut	a, e, i, o, u	Vokal
Mitlaut	t, f, k, m …	Konsonant
Gegenwart	ich gehe	Präsens
Vergangenheit	ich ging	Imperfekt, Präteritum
Zukunft	ich werde gehen	Futur
Vollendete Gegenwart	ich bin gegangen	Perfekt
Vollendete Vergangenheit	ich war gegangen	Plusquamperfekt
Satzgegenstand	Simon gibt der Mutter rasch das Buch.	Subjekt
Satzaussage, Satzkern	Simon gibt der Mutter rasch das Buch.	Prädikat
Satzergänzung	Simon gibt der Mutter rasch das Buch.	Objekt
Angabe der Art und Weise	Simon gibt der Mutter rasch das Buch.	Adverb
1. Fall, Wer-/Was-Fall	der Handwerker	Nominativ
2. Fall, Wessen-Fall	des Handwerkers	Genetiv
3. Fall, Wem-Fall	dem Handwerker	Dativ
4. Fall, Wen-/Was-Fall	den Handwerker	Akkusativ